～子どもが思春期に花開くために～

実る子育て 悔やむ子育て

新開英二

エイデル研究所

まえがき

　出版の仕事に就いてから30数年が経ちます。この間、幼児教育関係の本作りに多くの日時を費やし、足繁く現場へ通いました。教育の原点は幼児教育であるという思いから、園と家庭を結ぶ保育誌『げ・ん・き』を創刊したのは1987年です。その思いは今でも間違いではなかったと思っています。しかし、現実の子どもたちには、いわゆる「気になる子」が増加していることは周知のとおりです。

　本書は、そういう「気になる子」の増加をくいとめなければならない、そのために私たち大人は「何に気をつけなければならないのか」「何をしなければならないのか」、という発想で企画しました。

　第1部「乳幼児期の子育てを問う」は、山中康裕先生（京都大学名誉教授・医学博士）、小泉英明先生（国際・心・脳・教育学会理事）、澤口俊之先生（人間性脳科学研究所所長）などの文章を引用させていただきました。幼い子どもたちと接している皆さま方には、ぜひ知っていただきたい内容です。

　第2部「子育てに絵本を」は、いま子どもたちには「生きる力」が求められています。そのためには、想像力や創造力、言葉の力などを身につけなければなりません。大人（園と家庭）はどういう関わりをすればいいのかを考え、いくつかの問題を提起しています。

　書名を『実る子育て　悔やむ子育て』としましたが、子どもが大きくなった時、「悔やむ子育て」にならないようにとの思いからです。

まえがき

第1部　乳幼児期の子育てを問う

- 1章　「教育」の前に大切にしなければならないこと ……… 8
- 2章　基本的信頼関係が疑われる事例 ……… 12
    - 子育ての結果は大人になってから現れる
    - 司法の場で問われる「生育歴」
    - 基本的信頼感が問われるのは思春期
- 3章　基本的信頼関係を結ぶ鉄則 ……… 18
- 4章　子育てを邪魔するもの ……… 19
- 5章　視聴覚機器と読み聞かせのちがい ……… 21
    - 快感と中毒そして意識下
- 6章　聞くことの大切さ ……… 26
- 7章　想像力を奪う映像 ……… 29
- 8章　メラビアンの法則とは ……… 32
- 9章　使われないために起こる二次的器質障がい ……… 35
    - 脳の発達、からだの発達
    - 人間だけが発達した前頭連合野
    - 一般的IQと普通のIQ
    - 幼児期に求められる人間関係の実体験
    - 前頭連合野の力が落ちている現代の若者
    - 大切な母親の働きかけ
    - 読み聞かせ、わらべ唄は脳を発達させる
    - 前頭連合野の働きが落ちるとどうなるか
    - 危険な「普通のIQ知的教育」一辺倒
    - 伝統、伝承されてきたことを普通にやってほしい
- 10章　子育ての「不易」を忘れないで ……… 60
- 11章　キーワードは共感 ……… 67

目 次

第2部　子育てに絵本を

1章　はじめに ──────────────────── 78
2章　五領域と絵本のかかわり ──────────── 81
3章　絵本で教えない、感想は聞かない ─────── 92
4章　月刊物語絵本を活用しよう ──────────── 95
5章　月刊物語絵本と総合雑誌のちがい ────── 106
6章　物語絵本ならどれでもいいのか？ ─────── 112
7章　月刊物語絵本は架け橋 ──────────── 117
　　　　1 親と子の絆
　　　　　　幼児には親が本を読んで聞かせよう
　　　　　　無際限にテレビやテレビゲームに浸らせないようにしよう
　　　　　　暴力や性に関するテレビ・ビデオの視聴に親が介入・関与しよう
　　　　2 園と家庭の架け橋
8章　月刊物語絵本の活用法 ──────────── 129
　　　　1 月刊物語絵本が届いたら
　　　　2 読み聞かせの記録をとろう
9章　園も家庭も、同じ月刊物語絵本で読み聞かせを ── 138
10章　おわりにあたって ──────────────── 140
　　　　1 お母さん方へ
　　　　2 先生方へ

第1部

乳幼児期の子育てを問う

第1章
「教育」の前に大切にしなければならないこと

　親の心を知らないで、子どもが勝手な振る舞いをする「親の心 子知らず」という諺がありますが、最近は「子の心 親知らず」と感じることがあります。子育てや教育の問題は、その仕方やあり方に誤りがあったとしても、それが判明するにはそれ相当の時間を要します。しかも、誤りだったとわかった時には、時すでに遅しという時間的問題を抱えています。子育てとは、子どもが大人になるまで周囲の大人が支えていく過程ですが、時代の流れといえばそれまでですが、政治・経済・社会、そして、文明の発展、一見便利と言われている物や機器の増加、そして、氾濫する無責任な子育て情報などが、子どもの発達観・教育観に誤解を与え、親子の間に心のボタンのかけ違いが起こっているような気がします。

　発達とは、一般的には生体が発育して完全な形態に近づくこと、心理学的には個体が時間経過に伴ってその心的・身体的機能を変えていく過程で、遺伝と環境の相互作用を要因として展開することですが、その根っこには、子どもをどういう存在として見るかという「子ども観」に支配されています。発達観や教育観は子ども観に左

右されるということです。

　私は幼児教育現場の先生方や保護者に話す時、「教育」という言葉にどんなイメージを持っているかをよく質問します。「教えなければいけない。教えることが教育」と思っている方が多いようですが、「教育」という言葉をどう理解しなければならないかは子ども観に関わることなので、慎重でなければならないと思っています。

　「教育」という言葉は概念が広く、教える人→教えられる人という狭い意味での「狭義の教育」、環境が人を育てるという広い意味での「広義の教育」などいろいろあります。また、教育には、「教えなければならないこと」、「教えられないこと」など多種多様です。社会的知識や物の名前などをたずねられた時は、「これは○○よ」となるでしょうし、箸や鋏の正しい使い方などは「教えなければならないこと」ですが、積木をくずれないようにいかに高く積むかなど、子ども自身が試行錯誤を通して物事に働きかけることによって自ら獲得する知識などは「教えられないこと」です。

　また、子育てとは、完成した大人が未完成の子どもを一方的に教え導くものであると錯覚することもあるかもしれません。生活技術や狭い意味での文化の伝達などは、中身によっては大人から子どもへと一方的に与えなければならないものもありますが、基本的には大人と子どもの相互作用です。親が子どもを育てると同時に大人自身

も子育てによって成長するのです。そういうことをはっきりと意識する時、柔軟な関係が生まれます。「読み聞かせ」にはそんな意味合いがあります。

さらに、知性と感性は切り離すことのできない心の働きです。そのバランスは心の健康に関係が深く、感性の裏づけを欠いた知性の重視は心の貧しさにつながります。知識は知性の一部ですが、現代の教育や子育ては知識重視、暗記重視に傾き過ぎています。暗記したものは、正面からしか答えられず、これからの子どもたちには、横から斜めから答えることが求められています。

「今の子どもたちは、受け身で覚えることは得意だが、自ら調べ判断し、自分なりの考えを持ち、それを表現する力が十分に育っていない」という1998年の教育課程審議会答申をもとに、子どもたちの体験や活動を重視した「総合的な学習の時間」が設けられました。そして今は、子どもたちの興味・関心の喚起を重視し、「自ら学び、自ら考える力＝生きる力」の育成が求められています。

しかし、先行き不安、受験戦争の低年齢化により、暗記中心のできるできない、知っている知らないという教育産業の子育て（教育）情報が乳幼児の早期教育、「早期教育の早期化」という深刻な問題を引き起こしています。そんな情報に踊らされ、「子どもにいい刺激を与えたいからこの教材を買った」とか「小学校に行って困らない

ために〇〇クラブに入れた」など、親は子育ての責任感からか、教師以上に「教える人→教えられる人」という狭い意味で教育的になっているように思います。

　家庭教育であれ、学校教育であれ、教育が成立するためには、教育云々の前に大切にしなければならないことがあります。それは信頼関係です。この信頼関係の根幹をなすものが基本的信頼感です。基本的信頼感とは、自分はこの世に生きることを認められた存在であるという「自信・自尊心」と、この世は自分が生きるうえで誰かが守ってくれる、許してくれるという「人間信頼」です。

　子育て・保育の出発点は、基本的信頼関係を結ぶことから始まります。幼い子どもに基本的信頼感がなければ、何をやっても砂上の楼閣になってしまいます。そんな事例がたくさん目につくようになってきました。

　基本的信頼感の上に、
①人の話を聞くことができる
②人に話をすることができる
③人に自分の考えを伝えることができる
という就学前までに身につけなければならないレディネス（学習が成立する条件または準備）を積み重ねることが大切です。このレディネスの土台をなすものは、基本的信頼感であることに間違いありません。

第2章
基本的信頼関係が疑われる事例

子育ての結果は大人になってから現れる

　若い先生や保護者の皆さんは記憶にないかもしれませんが、1995年3月20日にオウム真理教が『地下鉄サリン事件』を起こしました。その6ヶ月後の『げ・ん・き33号』昔話特集で、私は以下のように書きました。

> 　戦後の高度経済成長とともに、人の価値観は大きく変わり、見えるものを評価し、見えないものを軽視する風潮、そして、物質的豊かさと便利さ、合理主義を求めてきました。しかし、今日の社会を見まわしてみると、子どもが子どもとして、親が親として、大人が大人として育つことを非常に困難にしています。
> 　その兆候は日本の近現代史の中に確実に現れています。1975年以降、登校拒否・不登校（園）児が増加し、それも低年齢化傾向を示しています。また、死に至るような陰湿ないじめが増えています。しかし、その子どもたちを取り巻く環境、偏差値至上主義の見直しが叫ばれて久しくなりますが、その解決は未だ至っていません。

一方、大人社会に目を移すと、わが子に対する幼児虐待、また、育ての親に対する老人虐待も増加しています。世の中がおかしくなると、子どもや老人、そして、障がい者という弱者にしわよせがくるのが歴史の常です。人間がどこか狂いだしたと思うのは私だけでしょうか。その典型的な現象として現れたのが、オウム事件です。この事件はただ単にオウムの特殊性だと思われがちですが、敗戦後50年の社会のあり方・経済のあり方・文化のあり方・教育のあり方、そして、子育てのあり方が一度に噴出したといっても過言ではありません。

　東大・京大をはじめとする、人も羨む高学歴の人たちがどうしてあんな行動に出たのか、偏差値が高く知識も豊富かもしれませんが、足りないものがある。人間の内にある何かが足りない。人間としてのバランス感覚を身につけていない現代人として、知識や技術、そして、科学に溺れた幼稚さを見ることができます。

　人の誕生から死に至るまでの人生は、考えてみればファンタジーそのものです。ファンタジーの世界を経験させなくて、先へ先へ、早く早くと、知識中心で子育てをしていくと、自分の持っている知識が組織や社会で通用しないとわかった途端に刹那的になってしまいます。

　有名大学に入ることだけが、よい子育てとは言えないことは、おわかりでしょう。もっと厳しく言えば、「○○さんちの△△ちゃんは□□大学に入った、きっといい子育てをしたからだろう」と世

間では羨ましがられたかもしれません。しかし、本当の子育てはそうではないでしょう。とりわけ、現代社会においては、子育ての結果は、青少年期よりも成人・大人になってから現れるという側面がますます大きくなってきています。

　人が人として育つということは、丸ごと育つのです。いいことも悪いことも全部背負わなければなりません。しかし、現代社会に生きる私たちの傾向としては、いいことばかりに目が向きがちです。

　ゴミ問題をはじめとする地球規模のエコロジーの問題など人間は苦しみ始めています。このような問題を解決するためには、人間としての智恵と英知が必要です。そんな人間としての智恵や英知は昔話の中にたくさんあります。

　こんな文章を書いてから16年が経ちます。私は傍点部分をますます大切にしなければならない時代になったと思っています。

司法の場で問われる「生育歴」

　最近の司法の場では、大人が産み育てる、そして子どもが育っていく過程の「生育歴」が問われている事件（少年法適用含む）が増えてきています。「まさか!?」とお思いになるかもしれませんが、記憶に新しい事件では、①2004年『佐世保市小6女児同級生殺害事件』、②別名「酒鬼薔薇事件」と呼ばれた1997年『神戸連続児童

殺傷事件』、③世間を震撼させた2008年『秋葉原無差別殺傷事件』、そして、④裁判員裁判の2010年『石巻三人殺傷事件』などです。

①『佐世保市小6女児同級生殺害事件』では、長崎家庭裁判所は少年審判で女児を児童自立支援施設に入所させ行動の自由を制限できる2年間の「強制的措置」を認める保護処分を決定した時、「怒りを適切に処理できない女児の資質と問題を見過ごしてきた周囲、特に家庭に要因がある」と指摘しました。

②『神戸連続児童殺傷事件』の14歳少年の10年に及ぶ、法務省が特別に用意した少年院での矯正過程（生活訓練過程）は、

緊張期（1997年10月～1998年5月 8ヶ月間 15歳）：笑顔はなく拒否的。「人間は野菜と同じ」。特定の職員に信頼を寄せるが、暴言を吐く。

危機期（1999年8月～同年8月 2ヶ月間 17歳）：「顔が溶ける」「自分が壊れる」と訴える。母親役の女性医師に信頼を寄せ、心を開き始める。

再構築期（1999年10月～2000年3月 6ヶ月間 17歳）：院内の朝礼に初めて参加。拒み続けた両親の面会を受け入れ、謝罪の気持ちを示す。

成長期1（2000年4月～2001年11月 20ヶ月間 17～19歳）：体育や勉強に意欲を見せる。監視カメラのない部屋に移る。遺族の手記を自ら希望して読み、何度も反省文を書く。

成長期2（2002年11月～2003年4月 6ヶ月間 20歳）：親や遺族の存在から逃げなくなり、贖罪意識が深まる。「生き抜いて、生涯を費やし償いたい」。

　総括期（2003年5月～20歳）：親との関係や将来に対する姿勢が向上する。

　「理想の母」と呼ばれた女医が母を演じ、教官が家族を演じるという壮絶な「赤ん坊からの育て直し」でした。

　③『秋葉原無差別殺傷事件』の加藤智大被告の東京地裁での被告人質問と両親に対する出張尋問では、虐待に等しい母親のしつけがクローズアップされ、被告は「何かを伝えたい時、言葉で伝えるのではなく、行動で周りにわかってもらおうとする。母親からの育てられ方が影響していると思う。親を恨む気持ちはないが、事件を起こすべきではなかった。後悔している」と言っています。

　④『石巻三人殺傷事件』では、被告弁護人は「不遇な生い立ちで、幼少期に母親の愛情を十分に受けられず、暴力を間近で見て育ったことなどの生育歴に触れ、少年の人格に矯正の可能性があるとして、保護処分が相当」と訴えました。

　このように司法の場で、加害者・被告の幼かった頃の育てられ方、あるいは子育て環境にまで言及することは、今までは少なかったように思います。しかし、類似の事件はたくさん起こっています。他人を殺傷に至らしめたその原因が、幼い頃の育てられ方に全てあると

は決して思いませんが、人格形成に影響を与えたであろうことは否定できません。

一体、現代の子育てに何が起こっているのでしょうか。子どもを異常行動に走らせる原因は複雑多岐にわたり簡単に説明できるものではありませんが、社会や家庭はそれを問わなければなりません。

人間の精神・心理などに関わる乳幼児期の潜在的な心の奥にある意識下の出来事や関わり方が、犯罪を引き起こす一因になっている、と私は思います。それは、生物としてのヒトの子をホモ・サピエンスとしての人に育てるために必要欠くべからざる出発点である基本的信頼感が育ちにくくなっているからではないでしょうか。

基本的信頼感が問われるのは思春期

この基本的信頼感が本当に問われるのは、青少年期から思春期にかけてですが、それ以前の幼児に基本的信頼感に疑いを持たざるをえない子どもたちが増えています。目と目の合わない子、話を聞けない子、多動な子など、いわゆる「気になる子」です。そういう子どもが学校へ行くと、先生の話が聞けない、じっとしていられない、など挙げればきりがありません。ある中学校の養護教諭は、「いわゆる気になる中学生は言葉が育っていません。幼稚園児並み。言葉が育っていないから人の話が聞けません。対人関係・コミュニケーションが下手で表情が乏しいです。基本的信頼関係が結べていないので、思春期に育て直しをしなければならない」と言っていました。

第3章
基本的信頼関係を結ぶ鉄則

　ところで、保育界では乳児保育の大切さが叫ばれています。私もそう実感する一人ですが、世間では乳児期の子育てを軽んじている気がします。一部の親御さんの中にもそう思っている方がいるような気がします。

　子どもが幼ければ幼いほど、その関わり方は丁寧でなければなりません。とりわけ、乳児への関わり方は、①大人の都合や保育に子どもを合わせるのではなく、②子どもの育ちに大人が寄り添い、子どもの成長に必要な手立てをすること、です。

　そして、もの言わぬ子どもと基本的信頼関係を結ぶための鉄則は、①1対1で関わること、②目と目を合わせる。視線を合わせること、③人間の生のボイスシャワーを振りかけてあげること、です。

　しかし、こんないとも簡単なことができにくくなっています。なぜできなくなったのか？　それは二つの背景があると思います。一つ目は、テレビやビデオなどの映像機器やコンピューター、携帯電話などの文明の利器の登場です。二つ目は、子育てを伝承してこなかったことと、子ども時代に幼い子どもとの接触不足などです。

第4章
子育てを邪魔するもの

　30数年前に『テレビに子守をさせないで』（岩佐京子著　水曜社）という、当時の子育てのありように警告を発する本が出版されました。当時の子どもが親・祖父母になろうとしている今、ことはより深刻になっています。それはテレビ、ビデオ、テレビゲーム、DVD、携帯電話、インターネットと次々とハイテク機器が登場してきたからです。それが確実に子育てに負の影響を与えています。例えば、「授乳中の携帯電話」「テレビの付けっぱなし」「携帯ゲームに熱中する親」など挙げればきりがありません。また、ビデオやDVDは、同じ映像を繰り返し見られるのでテレビよりもより深刻です。

　生まれたばかりの赤ん坊が五感からの刺激をしっかりと受信できるためには、ゆったりとしたリズムの心地よさがあって初めて可能になるのですが、一方的で過剰な機械音や光刺激を受け続け受信不能状態に陥っています。

　そういう子どももやがて大きくなります。そして、小中学生になり勉強をするためにも、大人になり職業人として生きていくためにも、必

要欠くべからざる土台となるものは、コミュニケーション力であり、相手の声や話に耳を傾ける姿勢です。しかも、一方的ではない双方向、──お互いに耳を傾け、それに応答した関係──、を繰り返し行うことがまず基本です。赤ちゃんが「アー、ウー」と言うとそばにいる大人が「アー、ウー」と言う。これが最初のコミュニケーションです。

　しかし、双方向でない一方的な機械音を受け続けると、子どもはやがてその音や声を無視し始めます。それは心が動いていないからです。例えば、見ているようだけれど見ていない。聞いているようだけれど聞いていない。人間としての意思や注意を働かせにくくなってしまうのです。そんな小中学生が増えています。人間関係や学習面で苦労するのは当たり前です。

第5章
視聴覚機器と読み聞かせのちがい

　1987年に発行された『読み聞かせ──この素晴らしい世界』(ジム・トレリース著　亀井よし子訳　高文研)で、著者は「テレビはゆるやかな麻薬だ」と言っています。麻薬は一旦中毒にかかるとなかなか抜けだせません。テレビは本当の麻薬ほどではありませんが、着実に害をもたらしていると言っています。そういえば、「テレビなしでは生きられない」「携帯を手離せない」、そんな大人が増えています。

快感と中毒そして意識下
　ところで、余談ですが、快感と中毒について興味深い文章があります。

　　　元々動物は生きていく上で、快感というのは生存、生き延びるために望ましい方向を示唆する、そういう感覚として快が生まれてきました。それは、人間の中にももちろんあるわけで、本来生きるために必要なことをやった時に得られる快感、それを繰り返すことによってよりよく生きることができるわけです。ですから、繰り返したくなるように脳の構造が作られているということがだん

だんとわかってきています。

　ところが、快感だけを得るような仕掛けはゼロではありません。生存と関係のない快感だけを得る仕掛けは、例えば、典型的なものは麻薬です。脳は外からの侵入によって、自らの情報処理を妨害されないように、「脳関門」というものが形成されています。体内を循環する血液から害になる物質が神経細胞に入り込まないようにしているのです。しかし、この脳関門を通過して問題を生じる物質が少しだけありますが、その一つが麻薬系の物質です。これは快感を生じる神経回路を直接刺激するのです。でも、そこが刺激されるとそれを繰り返したくなるという、脳の回路が同時に働くから中毒が起こるわけです。

　極端に面白いゲームもその一つになってきます。それも麻薬と同じように習慣性が出てくる可能性があります。今海外の一部では「アディクション（addiction）」と言いますが、アルコール中毒、薬物の中毒などを治療する施設に一部の極端なゲーム中毒の子どもたちが入っています。こういう事実が生じています。

　現代社会にはそういう物が非常に増えているので、そういう物については我々は慎重にしていく必要があると思います。

そして、さらに増加する刺激と乳児への影響について、

> いろいろな神経系が作られるのは、意識下で作られていく部分が多いです。乳児期は積極的な学習というよりも、何もしていないようで、何かを見ているだけで、その時に視覚系の神経回路が形成されたりします。ですから、例えば、自然のものを見ていれば自然には縦線も横線も同じぐらい入っているので、両者を処理する神経回路はバランス良く育っていきます。例えば、赤ちゃんの子猫を縦縞だけの、——回りの壁を全て縦縞にした——、環境で育てると縦線しか見えなくなってしまいます。子猫は横線は全く見えなくなり、しかも、それは一生続きます。こういう実験は人間ではできませんが、同じことが起こるだろうと考えられています。

> ですから、特に乳幼児はできるだけバランスのとれた刺激を得る、これは自然の中にいるということが、ある意味では人工的でなくバランスがとれているんですね。音でも視覚でも、それから匂いとか、例えば、そよ風を感じるとか、全てです。そういうことを大事にして初めて基盤がしっかりとでき、基盤がしっかりできれば大人になってその上に大きなものが積める、そういうことだと思います。

『子育て錦を紡いだ保育実践〜ヒトの子を人間に育てる』（エイデル研究所刊）小泉英明氏の発言より。

子育ては手間をかけた方がいいと思います。テレビやDVDと読み聞かせを比較してみると、読み聞かせには大人と子どもが共通の時間と場所を持たなければならない物理的制約がありますが、テレビやビデオと読み聞かせでは、子どもにどんな影響を与えるのでしょうか。

　例えば、こんな話があります。テレビやビデオを長時間見せていた子どもの言葉が遅かったので、ビデオ教材を買って子どもに見せたお母さんがいます。画面の中では、お姉さんがカードを使ったり、絵本らしき物を使って言葉（字）を教えています。しかし、その子はお母さんの思い通りには言葉は育ちませんでした。当たり前といえば当たり前のことです。このような教授法で子どもに「聞きたい」「話したい」という気持ちが起きるでしょうか。仮に字が読めるようになったとしても、その教授法は字に対する音が対応しているだけであり、教えることをやめるとすぐに忘れてしまいます。それは生の声を聞いたり話したりしていないので、心が動いていないからです。

　さらに、文字言語を音声言語より先に学習させると、人と人の距離感、心を通わすやりとり、コミュニケーション力が身につきません。目先の表面上見える「できる」「できない」に惑わされないでほしいものです。25頁の表は、読み聞かせとテレビ・映像視聴が、子どもに与える影響を表したものです。

読み聞かせとテレビ・映像視聴の子どもの発達に与える影響

読み聞かせ	テレビ・映像視聴
【基本的信頼感】 ＊結びやすい。	【基本的信頼感】 ＊結びにくい。
【社会的経験】 ＊聞き手は、読み手の表情を読み取ることができ、抑揚や感情などもわかる。逆に、聞き手の反応が読み手に伝わる。 ＊共に喜び、共に悲しみ、共に感動するように、話の内容から伝わってくる感情を共有することができ、これによって読み手と聞き手が心を通わせることができる。	【非社会的経験】 ＊一方的な情報伝達、語り手から聞き手の表情はわからない。反応を示しても応えてくれない。
【想像力を強める】 ＊読み聞かせは、情報量が少ない分、多くのことを想い浮かべなければならない。例えば、「犬」と読んだ時、犬の種類、大きさ、吠え方などに想像力を働かせる必要がある。	【想像力を弱める】 ＊情報が映像と音声で与えられるので想像力を働かせる必要がない。例えば、「犬」。犬の種類、大きさ、吠え方などみんなわかる。
【能動的活動】 ＊読み聞かせはそれ自体、聞き手に能動的な活動を要求する。例えば、想像力を働かせたり、行間を読んだり、話を聞こうとする心構え、内容を理解しようとする態度、次にどうなるかを予想する気持ち。	【受動的活動】 ＊与えられる情報をただ見聞きしているだけでよいので、その受動的活動が受動的態度を身につけさせる。 ＊かなりの問題意識を持たない限り、能動的にテレビ見ることができない。
【読書につながる】 ＊読み聞かせを多く経験すると、後の読書量が多くなる。読書世論調査によると、幼い頃の読み聞かせ体験が、中学生や高校生の読書量に影響を及ぼしている。	【読書につながらない】 ＊何の苦労をしなくてもテレビは見れるので、認知的制約の多い読書はしなくなる。読書をしないから、読解力も弱くなる。
【物語文法】 ＊物語に多く接すると、物語理解に特有な心構えができると言われている。これは物語文法とか物語スキーマと言われている。物語を多く読み聞かせれば、それだけ多くの物語文法が獲得され、物語理解が容易になる。	【映像文法】 ＊テレビ固有の性格がある。例えば、すべて映像で表されるので、絵にならないものは排除される。主人公の心理的描写も何らかの映像表現にせざるをえない。 ＊テレビでは映像文法ないし映像スキーマとでもいうべきものが、知らず知らずのうちにテレビ視聴者にできあがり、映像にならないものは理解されにくくなる。

「げ・ん・き15号」、杉原一昭氏原稿「テレビと読み聞かせ」をもとに筆者作成

第6章
聞くことの大切さ

　私は先生やお母さん方へ「子育て」や「読み聞かせ」などについて話をする時、目を閉じていただき、つくりばなしをし、そして質問します。

　　　【1コマ】
　　　　むかーし　むかし
　　　　豊かな　豊かな　相模の国に
　　　　一人のお年寄りが　住んでいました。

　　　【2コマ】
　　　　ある秋の夕方　畑仕事に精を出すお年寄りは
　　　　畦に腰を下ろし　ふーとため息をつきながら
　　　　ながーいキセルに火をつけました

　そして1コマ目については、「むかーし　むかし。30年ぐらい前が想い浮かんだ人、手を挙げて下さい。100年ぐらい前が想い浮かんだ人、手を挙げて下さい。1000年ぐらい前が想い浮かんだ人、

手を挙げて下さい」。次にお年寄り。「お爺さんが想い浮かんだ人、手を挙げて下さい。お婆さんが想い浮かんだ人、手を挙げて下さい」と質問します。

　皆バラバラです。それでいいんです。正解はありません。聞くという行為は、想い浮かべる、想像しなければ聞けないということを意味しています。

　20年ぐらい前だったでしょうか、読み聞かせはよくない。聞くということは受け身だからという議論がありました。とんでもないことです。聞くという行為は受け身ではありません。能動的な行為です。なぜならば、聞き手が主体的に「30年ぐらい前かなー？」「相模の国ってどこかなー？」「お爺さんかなー？　お婆さんかなー？」などと想い浮かべなければ、想像力を働かせなければ聞けないのですから。

　2コマ目では、「お爺さんが想い浮かんだ人、手を挙げて下さい。お婆さんが想い浮かんだ人、手を挙げて下さい」。すると、1コマ目の質問で、お婆さんに手を挙げた方もお爺さんに手を挙げたりします。それはおそらく、ながーいキセル、煙草を吸うのはお爺さんの方が多いからだろうと想像しますが、そのように変わっていきます。すなわち、聞くという行為は、「あーではない。こーではない。やっぱりこーなんだ」というように想像したことを修正しながら聞いているのです。

ちなみに、最初にお爺さんとお婆さんのどちらを思い浮かべたかを、後からたずねてみると、自分が幼かった頃、祖母のおはなしを聞いたとか、祖母にとても可愛がられた、生まれた時には祖父は既に亡くなっていて祖父のことを知らない方は、祖母を思い浮かべるようです。意識下のもの、聞き手である自分の幼かった頃の体験が影響していると思われます。

第7章
想像力を奪う映像

　そして、さらに質問を続けます。「皆さん、今のつくりばなしをビデオなど映像にしたらどうなるでしょうか？」と。

　1コマ目を映像にする場合、30年前、100年前、1000年前の風景を同時に映像にはできません。おそらく、どれかにすると思います。また、一人のお年寄りは、お爺さんかお婆さんのどちらかにするしか仕方ありません。

　ということは、テレビやビデオは、見る側が、「お爺さんかな？」「お婆さんかな？」「どんな格好をしているのかな？」「30年前かな？」「100年前かな？」などと想像しなくても、見れば教えてくれるということです。見る側にとっては想像力を働かせる必要がないということを意味しています。別の言い方をすると、映像はそれを作った側の価値観を押しつけてくるということです。

　さらに、画面が次から次へとどんどん動いて教えてくれるので、見る者に考える時間すら与えてくれません。子どもが小中学生になってから「君は想像力が乏しいねー」なんて言っても、時はすでに遅し。想像力を必要としない生活を送ってきたのですから仕方ありません。「幼い時のテレビやビデオは要注意」と言われる理由は、こん

なところにもあるのです。

　身体を鍛えるためには身体を動かさなければなりません。喰っちゃ寝、喰っちゃ寝では身体は育ちません。それと同じように、心を育てるためには心を動かさなければなりません。人として生まれながらに本来持っていたはずの想像する力を目覚めさせ、それをより太く、より強くするためには、耳から入る言葉、それも質のいい言葉をたくさん振りかけて心を揺さぶってあげることが大切です。

　お母さん方の中には、「うちの子は○○番組を見ている時とか、△△ゲームをしている時はよく集中している」と、あたかも集中力がついていると言う方が少なからずいます。そうではありません。麻痺して中毒になっているのです。想像力や考える力が身につかずして集中力が身につくわけがありません。集中力が身につくためには、想像力・思考力が必要なのです。
　例えば、幼稚園の新入園児に読み聞かせをしている光景を見ると、おはなしを楽しむことができる子と、そうではない子は歴然です。その違いは、入園前の家庭での子育てが影響していると思います。読み聞かせを楽しめない子どもは、人間の生の声を心地よく感じていないようで、かつ想像力不足、思考力不足で集中できません。集中できないのでじっとしていられないのです。入園前までの家庭での子育て風景が目に浮かびます。

想像力は、学業でも、社会人になってからも要求されることです。しかし、一朝一夕では身につきません。淡々とした毎日の生活の繰り返しの中で育むしかありません。素話や読み聞かせの必要性はこんなところにもあると思います。

第8章
メラビアンの法則とは

　対人関係をはじめとする人間関係は、言葉による「言語的コミュニケーション」と、表情・口調・態度・ボディランゲージなどの「非言語的コミュニケーション」から成り立っています。アメリカの心理学者アルバート・メラビアンが1971年に、話し手が聞き手に与える印象の大きさは、「言語情報：聴覚情報：視覚情報＝7％：38％：55％」と言いました。これを「メラビアンの法則」と言います。
① 言語情報とは、言葉で表現される話の中身・内容・質
② 聴覚情報とは、話の内容とは関係のない、声の質感・話す速さ・声の大きさ・口調・イントネーションなど
③ 視覚情報とは、外見・表情・態度・ジェスチュアなど
です。
　この「7：38：55」の関係をそのまま理解すると、①の言語情報よりも②③の非言語情報の方が重要と思うかもしれません。そうではありません。話し手が聞き手に与える印象の大きさについて言っているのであり、内容や質を言っているのではありません。
　対人関係やコミュニケーションを円滑にするためには、話す言葉の内容のみならず、声の質感・話す速さ・声の大きさ・口調・イントネ

ーション、そして外見や表情などの見た目も大切です。内容よりも聴覚情報・視覚情報が、相手に与える印象度が大きいと言っているのです。

　言語能力の未熟な子どもには、言葉と動作・表情などを組み合わせて理解させることが大切です。例えば、新しい絵本を読み聞かせする時は、必ず下読みをして下さい。できれば音読をして下さい。内容がいい絵本でも、読み手がひっかかりつっかかりして読んでいては、それが聴覚情報や視覚情報に表れてしまい、言語情報は伝わりません。子どもはそういうことを鋭く見抜きます。

　私が幼かった頃は、テレビがありませんでした。初めてテレビを見たのは中学生になってからです。少年時代にはラジオの野球中継をよく聞きました。だから今でも、ラジオの野球中継を聞いても試合運びを想い浮かべることができます。民放の絶叫するアナウンサーのテレビ中継よりも楽しむことができます。小西節で一世を風靡したあの有名な解説者・小西得郎さんの「あの痛さはご婦人方には……」という名文句、とても懐かしいです。でも、今の若い方がラジオの野球中継を聞いてどのくらい理解しているのでしょうか……。試合運びや光景、プロセスがどのくらい浮かんでくるでしょうか。

　時々、お母さん方に話をする時、テレビよりもラジオを薦めています。多くの方は情報に遅れまいとよくテレビを見ているようですが、

同じニュースでもラジオの方が想像力を働かせなければ聞けない分だけ記憶に残るような気がします。もちろん、テレビにはテレビのよさがあります。ラジオにはラジオのよさがあります。それぞれのハイテク機器には一長一短があると思いますが、それらによって日常生活が脅かされてはいけません。子どもの発達が阻害されてはなりません。大人自身がそれらの使い方をコントロールすることが求められています。

　私の趣味は畑仕事ですが、必ずラジオを持っていきます。ラジオのよさは「ながら仕事」ができることです。テレビのように釘付けにならなくてすみます。幼い子どものいる家庭は、テレビよりもラジオをお薦めします。その方が、幼い子どもの成長・発達に悪影響が少なく、むしろ想像力や創造力、能動性を育むからです。

第9章
使われないために起こる二次的器質障がい

　拙著『「言葉の力」が子どもを育てる』で、昨今の気になる子の増加は、子育てを通して気になる子を作っている。それを「作られる障がい」と言いました。しかし、最近はややニュアンスが異なるのですが、「作られる二次的器質障がい」と言うようにしています。と申しますのは、仕事を通して二人の先生にめぐりあう機会があったからです。

　まず、山中康裕先生（浜松大学大学院教授・京都大学名誉教授・医学博士）です。先生は『ほいくしんり3号』で「使われないために起こる二次障がい」という見出しで以下のように述べています。

　　翻って今、保育をめぐる状況は大変に厳しいです。例えば、私ども臨床の方から見れば「育児放棄」あるいは「虐待」、そういう考えられない親がいっぱい出現しています。子どもの方から見ると「ADHD」「アスペルガー症候群」などと言われる子どもたちが急増している現実があるからです。これは非常に厳しい現実です。

これらのことが医学畑では全て「器質的障がい」だと言われています。でも皆さん、そういう考え方はちょっとおかしいと思いませんか？ 器質的障がいとは、脳細胞の構造的・実質的障がい、脳がおかしくなっているという考え方ですが、どうしてこんなに急に多くなったのでしょう。考え方自体が間違っていると思います。確かに、逐一ＣＴを撮ったりＭＲＩを撮ったりすれば、それなりのエビデンス（証拠）は出てくるかもしれません。しかし、それなりのというところが問題で、実際はそれを証する本当のエビデンスは出てきません。何のエビデンスも出ていないのに、そう決めつけているということが多いのです。
　それから、大人の疾患である「シゾフレニー」。大正時代は「早発性痴呆」と言われ、昭和時代は「精神分裂病」、そして今は「統合失調症」と言われているその疾患についてもこの100年間、世界中の５万を越す学者が調べてきましたが、器質障がいというエビデンスは何ひとつ見つかっていません。なのに未だにそんなことを言っています。
　生まれながらに本来持っている脳の機能を長い間使わなかったため、あるいは、本来なら使うべき脳の機能など、──例えば、人と交流するときに使う機能、人とコミュニケーションするときに使う言語の機能、人とのコミュニケーションに使うスキルなど──、いろいろな機能が使われなかったために起こってくる二次的器質障がいなのだと、私は考えています。

二人目は、小泉英明先生(㈱日立製作所　役員待遇フェロー・国際心・脳・教育学会理事)です。先生は弊社発行『子育て錦を紡いだ保育実践～ヒトの子を人間に育てる』の中で、「意識下のものを育むことの大切さ」について以下のように述べています。

　　意識下で脳はいろいろなことをやっているということです。この意識下でやっていることは非常にたくさんあります。
　　例えば、言葉です。「難読症[注1]」の人は日本にはほとんどいないと言われていましたが、最近、日本にもかなりいるということがわかってきました。論文によると、アメリカでは8％ぐらいいると言われており、日本で騒がれているよりも遥かに深刻な問題として欧米では単語や文章が読めないという、この問題が浮上しています。読み書き以外には何ら問題がなく、正確には「発達性ディスレクシア」と呼ばれていて、この研究はすごく進んできています。
　　よくわかっていることですが、私たちがしゃべるという言葉は、一番最初は全て聴覚、つまり、音から入ってきているということです。人間の歴史からみても一番最初はもちろん音だけによるコミュニケーションです。しゃべるということ。今だに文字を持ってない民族がいます。そういう民族は過去にもたくさん存在していました。全てが口伝え、そういう文化です。
　　ですから、文字というのは進化の中では、非常に新しく入って

きた文化なんですね。そういうことで、読み書きということと、話をするということは、本質的には違うということです。

　小さい時には全部音から入ってきて、その音が無意識の中でものを読む時に先行して、実は「音韻のループ」という神経回路が回っていることが最近かなりはっきりしてきました。視覚と聴覚を結びつけるところに問題があると読めないんですね。読むための知識に問題があるのではなく、読む際に無意識に心の中で声を出して文字を読んでいる、その機能に問題を持っているというようなことがいろいろわかってきています。

　ですから、小さい時に難しい漢字を先に覚えさせるということは、サイエンスから見ると意味があるとは思えません。むしろ、問題が生じる可能性があります。その当たりは斎藤先生[注2]は気づいていて、順番としては、①聞くこと→②話すこと→③その次に文字がくる、とおっしゃっていたのは、サイエンスから見ても極めて合理的な話だと私は感じております。

　それから、運動についても意識下が働きます。体操の選手でも、「手をついて」「腰をひねって」などいちいち頭で考えながら運動はしていません。そういう段階では素晴しい演技はできません。全て意識下に入っているわけですね。

　ですから、小さい時に入っている意識下のものは、大きくなってからものすごく役に立ち、いろいろなものの土台になります。それを自然の中でしっかりと育む、実体験で育む、これが大事

なことです。意識に出ているところだけをやるということは、本当に人間の浅知恵、何かを人工的にやっているということになりかねないということです。

注1）学習障がいの一種で知的能力及び一般的な理解能力などに特に異常がないにもかかわらず、文字の読み書き学習に著しい困難を抱える障がい。
注2）さくら・さくらんぼ保育園の設立者、故・斎藤公子氏のこと

　ちなみに、2008年10月12日、NHKスペシャル『病の起源第4集　読字障害〜文字が生んだ病〜』で、難読症の人は一般の人と、脳での情報処理の仕方が異なることが明らかになってきたと放送しています。

　そして、お二人の話を聞いてふと思い出したのは、『げ・ん・き72号』（2002年6月）「脳科学が教えるのびる子ども」の取材をした、脳科学者の澤口俊之氏（人間性脳科学研究所所長・武蔵野学院大学教授・北海道大学医学研究科元教授）です。その特集で私の質問に澤口先生は以下のように答えています。

脳の発達、からだの発達

編集部〕胎児の時、そして生まれてから、脳はどのように発達していくのでしょうか？　それは遺伝でしょうか？　環境でしょうか？

澤口〕子どもの頃から体のいろんな部位は発達しますが、脳に関しては特別な発達の仕方をします。脳以外の臓器は幼児期、

そして思春期頃にピークがあり、ゆっくりゆっくりと「S」字状に発達していきます。それに比べて脳は、生まれた直後は400g、その後、急速に成長し、6カ月で約2倍となり、8歳ぐらいまでに成人の脳の90％に達し、20歳頃には、男性で1350〜1400g、女性で1200〜1250gになります。すなわち、脳の発達は他の臓器に比べ子ども時代に急速に発達するという特徴を持っています。なぜ早いかというと、進化学的にはゆっくり発達していくと、いつまで経っても環境に適応できなくなるのではないかと言われています。

　そして特に顕著なのは、生後間もない幼少期にニューロンの半分近くが死滅し、生き残ったニューロンは豊かに発達します。シナプスも急速に増え、神経回路も複雑になっていきますが、シナプスの急増は4〜5歳頃にピークに達してから暫くの間減少し、15歳頃には大人のレベルに近づきます。

　幼少期の脳に見られる、このニューロンの大量死とシナプス・

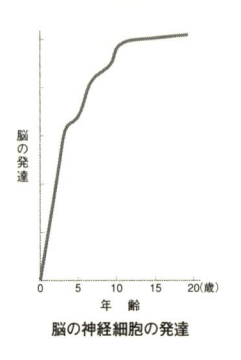

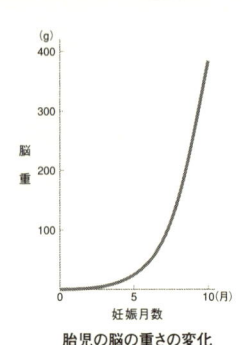

脳の神経細胞の発達

胎児の脳の重さの変化

神経回路の急速な形成と減少は、いろいろな遺伝的変異を持つ多数の個体の中から、環境により適した少数の固体が選ばれ、次世代に子孫——遺伝子を残すという「ダーウィン的プロセス」だと考えられています。

つまり、余分に作っておいた多数の神経回路から、環境に応じて適したものを選ぶということで、——生まれて間もない頃の脳は大きな可能性・無駄を持っており、多様な神経回路がある。それが環境要因によって刈り込まれるという形で——脳は成長するのです。

遺伝か環境かについては、古今東西、昔からの大きな関心事ですが、科学の世界ではこの問題は決着済みです。遺伝決定説、環境決定説、答えは両方、遺伝と環境の相互作用で決まります。

脳の構造や働きは、かなり遺伝的なものですが、環境も大きく左右します。例えば、「脳力」の代表であるIQは、60％程度

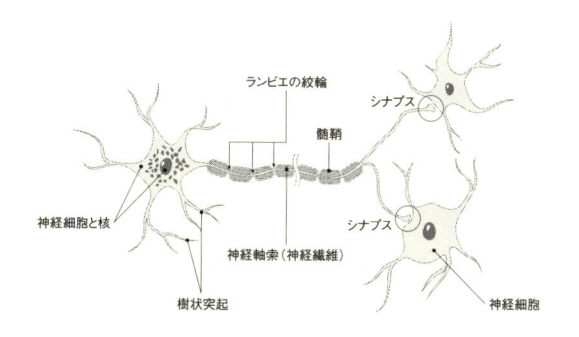

が遺伝的なものです。残りの40％は努力を含めた環境によって大きく左右されます。特にはっきりしている「内向、外向」「神経質さ」や「精神疾患」の多くは遺伝です。

　遺伝的に同一のネズミを「豊かな環境」と「貧しい環境」にわけて飼育すると、能力に大きな差が現れ、豊かな環境で飼育したネズミの大脳は、そうでないネズミよりも10％近く厚くて重いこともわかっています。私たち人間にも、豊かな環境で育った人の脳を構成する神経細胞（ニューロン）はそうでない人よりも発達しているという、似たようなデータがあります。

　ここで注意していただきたいことは、ある個人の知能や性格の60％が遺伝で決まり、40％が環境で決まるということを意味してるのではありません。あくまでも、集団内での個体差であり、ばらつき、分散に関することです。個人と集団をごちゃごちゃにしないで下さい。典型的な例は1970年にアメリカで発見されたジーニーです。彼女は生後1歳のときから発見されるまでの12年間、精神病の父親により部屋の中で監禁されていました。その間、食事以外は椅子に縛り付けられていました。発見当初、歩くことも言葉を話すことも出来ませんでした。救助された後、しかるべき機関で治療がはじまりました。しかし、歩けるようになっても動きはぎこちなく、言葉も二語文まではすぐ話せるようになったが、その先の上達がなかなかできず充分な会話は出来るようになりませんでした。50代になった現在も健在ですが、社会

生活を送ることはできず施設で生活しています。彼女が遺伝的に高い知能を持っていたかどうかは不明ですが、普通の環境で育ったら少なくとも平均的な値の100にはなっていたでしょう。しかし、環境要因によって極端に低い知能であり続けたし、言葉もほとんど話せなかったということから、おわかりになると思います。

　ところで、幼児期の豊かな環境とは、決して知識の詰め込みではありません。独りではなく、大勢の子どもたち――異年齢で性差なく、大人の管理がなく自由に――とふれあうことで、脳は刺激を受けながら発達していきます。幼児期ほど遊びが重要です。遊びの中で、やっていいこと、悪いことをしっかり身につけていくのです。押しつけが幼児に過度のストレスを与えるようではいい結果は得られません。特に、お母さんや保育者は、子どもにとって豊かな環境とは何かを真剣に考えてほしいと思います。私たちのほとんどすべての形質に遺伝要因が作用していることはまぎれもない事実ですが、遺伝要因は「基盤」や「枠組み」、あるいは「可能性」を提供するだけであって、環境要因の重要性はいくら強調してもしすぎることはありません。

　また、大人になってもニューロンは発達することがわかっています。大人にとっての豊かな環境とは、日々様々なことを学び、経験を積むことに他なりません。努力は脳力をより発達させ、怠けていれば脳力は衰退する一方です。

人間だけが発達した前頭連合野

編集部〕 ヒトの進化は前頭連合野の発達と言われていますが、具体的にはどういうことでしょうか?

澤口〕 前頭連合野は他の哺乳動物ではほとんどないに等しいほど未発達です。600万年前に人類と枝分かれしたチンパンジーの遺伝子は私たちと98％は同じですが、彼らと私たち人間の脳を比べた時に、一番違っている部分は前頭連合野です。大脳全体の重さはチンパンジーが400g、人間は1300gで3倍しか違わないのに、チンパンジーの前頭連合野は約70gなのに対して、人間の前頭連合野はその6倍です。ヒトは600万年ぐらい前にチンパンジーと分かれたわけですが、その進化の過程で前頭連合野が爆発的に進化しました。ヒトの進化とは前頭連合野の発達といっても過言ではありません。

　余談ですが私は以前、愛知県犬山市の京都大学霊長類研究所にいました。その時、大学院生とチンパンジーに対して、言葉を介さない「パターン認識」の同じテストをしたことがあります。すると大学院生の方が負けます。しかし、前頭連合野が関係することについてはチンパンジーが負けます。典型的なことは、未来に向かって何かをするという「未来指向性」「計画性」ということについては全くダメです。彼らは2時間先までしか見られないというデータもあります。

　また、前頭連合野にダメージを受けても普通のIQは落ちませ

ん。しかし、社会性や理性、感情の制御、未来志向性には問題をきたしてきます。非常にキレやすく社会生活を営むことがままならなくなったり、何もしなくなったり、という引きこもり状態になります。そして非常に目立ってくることは、未来を見ないという「その日暮らし」の状態になります。生活がルーズになり、同じことしかしなくなります。知人の神経科の医者は「前頭連合野にダメージを受けた患者さんは、いつ来ても同じことしかしないが、IQテストをするとちゃんとできる」とおっしゃっていました。

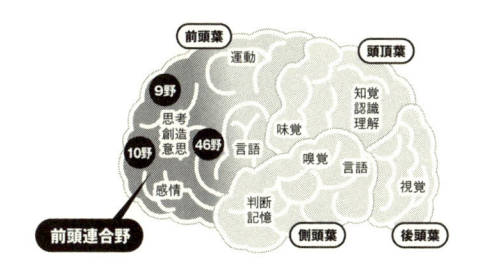

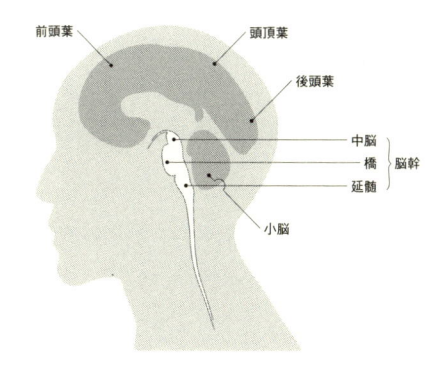

何を言いたいかというと、普通に計っているIQは前頭連合野以外の能力を計っているので、前頭連合野がダメージを受けても全く関係がないということです。

一般的IQと普通のIQ

ところで、IQにもいろいろあります。大別すると2つあります。俗に言うIQは、空間的IQ、言語的IQ、あるいは推理や論理のための個別的IQを調べて、それをまとめて算出された「普通のIQ」です。もう一つ、そういう個別的IQの頂点にたち、社会性と密接に関係している「一般的IQ」があります。親がこだわる「普通のIQ」が140以上の高IQの人たち――IQの観点から見れば天才と言ってもよい――を数十年にわたって追跡調査した研究があります。研究の結果、彼らは確かによい仕事に就けましたが、卓越した業績は残していません。中の上程度でしたが、アルコール依存症になったり、自殺する確率が高いのです。世間でいう「普通のIQ」を伸ばそうとしても幸せな人生を歩む上ではほとんど無意味です。

しかし、「一般的IQ」は明らかに社会的問題行動や社会的成功度と関係していて、100以上と100以下では全く違います。75以下になるとどうしようもなく、職を転々とするとか、すぐに離婚するとか、犯罪を犯しやすくなります。高校生ぐらいだと高校中退をしやすくなります。ところが、100以上あると、仕事もち

ゃんとするし、離婚もしない。社会的に成功した人は110以上あります。125以上あれば全く問題ありません。

この「一般的IQ」は、「普通のIQ」が関係するといえばするのですが、「普通のIQ」が高いからといって「一般的IQ」が高いとは限りません。しかし、逆はあります。どうしてそうなるかということにはいろいろな考え方がありましたが、私は前頭連合野が関係しているのではないかと思っていました。なぜならば、前頭連合野は脳の頂点に立ち、いろんな脳部位の監督役のような役割を果たしています。個別的IQを束ねて階層的に優位に立っている「一般的IQ」は、恐らく前頭連合野ではないか、と思っていましたが、実際にそうだというデータが2000年に出ました。

だから一言でいえば、前頭連合野を伸ばせばいいんです。10歳くらいまでが勝負です。普通の子どもの場合は「一般的IQ」が重要ですが、中には特殊能力を持っている子どもがいたりします。そんな時はその能力を伸ばしていけばいい。

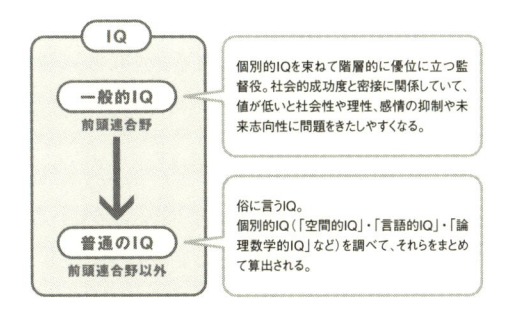

```
       IQ
        │
   一般的IQ         個別的IQを束ねて階層的に優位に立つ監
   前頭連合野        督役。社会的成功度と密接に関係していて、
        │          値が低いと社会性や理性、感情の抑制や未
        ↓          来志向性に問題をきたしやすくなる。
   普通のIQ         俗に言うIQ。
  前頭連合野以外     個別的IQ（「空間的IQ」・「言語的IQ」・「論
                   理数学的IQ」など）を調べて、それらをまとめ
                   て算出される。
```

幼児期に求められる人間関係の実体験

編集部〕 我が子が特殊能力を持っているかどうかを見極めることのできる親はいるのでしょうか？

澤口〕 そんな子どもは、我々の考えでは1万人ないし10万人に1人です。だから、めったにいないと考えていたほうがいいです。一般的な話としては前頭連合野を伸ばせばいい、ということは言えますが、特殊能力を持った子どもの場合はそれを伸ばしてあげればいいということです。しかし、そういう人の場合、過去の例をみると不幸な人生を送ることが多いですね。

編集部〕 その前頭連合野を伸ばすにはどうしたらいいのでしょうか？

澤口〕 遊べばいいです。遊べばいろんな問題が起こりますが、人間関係の問題を解いていくことが重要であり、遊ばせればいいのです。それ以外には伸ばしようはないと思います。「普通のIQ」はそれなりの伸ばしようはありますが、こと前頭連合野は自分の感情を制御するということを含めた社会性や未来指向性になるので、「一般的IQ」を高めていくためには遊ばせることしか方法はないです。

　例えば、事故などで前頭連合野がダメージを受けると、性格が変わったり、身勝手な言動が出てきたりします。身勝手な人の全てが前頭連合野にダメージを受けているとは考えられませんので、この領域の機能不全の原因は別のところにあります。そ

の中でも最も重要なのが幼児期における環境です。

　前頭連合野は、社会の中でうまく生きてゆくために進化してきた、社会性をつかさどる脳領域です。これがきちっと発達するためには、特に幼児期に複雑な人間関係を実体験として経験する必要があります。ところが、現代社会は希薄になっています。今、若者たちに増えている引きこもりは、脳の一部が機能低下し、脳内物質が変調をきたしている証拠です。個室、孤食は問題です。子どもの脳力アップを望むのなら、複雑な人間関係を実体験できる環境を創出する必要があります。そうすることによって、前頭連合野は発達するのです。

前頭連合野の力が落ちている現代の若者

編集部〕…ということは、今マスコミなどを騒がせているキレやすい子どもなど、人間関係に問題がありそうな子どもは、幼い時に遊んでいない、前頭連合野が育っていないということですか？

澤口〕私はそう思っています。実際に現在の子どもたちは前頭連合野の力が鈍っているというデータもあります。またテレビやビデオの見すぎは、前頭連合野の力を鈍らせていくというデータもあります。川崎医科大学の片岡直樹先生はある学会で、テレビやビデオの見すぎはADHD（注意欠陥多動性障害）になると強く主張していましたし、そういう本も書かれています。片岡先生のおっしゃることはよくわかります。

つまり、前頭連合野が鈍った時にでる症状はADHD、これは前頭連合野の病です。前頭連合野の中のドーパミンやノルアドレナリンの働きがおかしくなっているからです。快感をもたらすドーパミンは脳内の伝達物質の一種です。脳内物質は大きくわけると、情報処理系と調節系に分類されますが、ドーパミンやノルアドレナリンは調節系で、ドーパミンは思考や運動、集中力に関係しています。一方、ノルアドレナリンは注意や警戒心に関係しています。恐ろしいことに、ADHDはこの20年間に5倍増えているという事実があります。

　私が前頭連合野を鍛えるためには遊びが大切である、といっていますが、それは能動的な遊びであり、テレビやビデオなど受動的に情報を得ることは一番よくないのです。探究心とか好奇心を育むにはいろんなことをして遊ぶことが一番ということです。

　前頭連合野の力が落ちているという状況証拠はいっぱいあります。まさにキレるとか、引きこもり、感情を制御できない、人の気持ちがわからない、未来指向性がない、そういうことは前頭連合野の力が鈍っているということです。

編集部〕なるほど。まず前頭連合野を育むことが大切で、そのためには遊びが重要。それ以外には…。

澤口〕どこが重要で、どこが重要でないということはありません。他の脳領域もまんべんなく育てることは大切ですが、前頭連合野を育む前に、脳幹がより重要だということがわかってきました。

生まれてから一番最初に発達する脳幹がちゃんと発達していなければ、その後の脳の発達が駄目だということがわかりました。なぜ駄目かというと、ドーパミンとかノルアドレナリンとかセロトニンという脳内全体の潤滑油の働きをする脳内ホルモンが脳幹に集まっているからです。

　サルの子どもを2歳ぐらいまで隔離して育てると、元の集団に戻そうとしても、喧嘩が絶えなかったり、引きこもったりして、集団に戻れなくなります。調べてみると、セロトニンとかドーパミンという脳内物質の分泌が少ないです。サルの2歳は人間の場合は幼児期に当たります。

大切な母親の働きかけ

編集部〕脳内物質が集中している脳幹を発達させるためにはどうしたらいいのですか？

澤口〕これは昔から言われていることですが、お母さんのぬくもりとか語りかけです。それが重要です。テレビやビデオが駄目なのは、お母さんが忙しがって、子守りをテレビにさせるからです。お母さんがいつも抱っこをするとか、面倒をみるとか、語りかけるという、お母さんによる作用が脳幹を鍛えるために大切です。脳幹がきちっと発達していないと、その後いろんな問題行動がでてくる可能性があります。

編集部〕お母さんが語ったり、歌ったりすると、子どもの脳幹が

鍛えられ脳内物質が分泌し、それが前頭連合野を含めた脳全体に作用していくということですか？

澤口〕そうです。要するに子どもを育てる環境がおかしいとどうしようもならない、ということはデータとしてわかっていることです。例えば、お母さんから切り離して育てた人工保育をしたサルの場合、脳幹は正常なサルの10分1です。そのサルたちは社会的生活を営むことはできませんし、引きこもるとか、すぐに怒るとか、同じ行動を繰り返すとか、いじめるとか、行動が変なのです。今の子どもたちにも似ています。あとはオスの場合、性行動ができません。強引にされたメスが子どもを産むと、子どもを育てられなくて虐待します。その原因はどうもセロトニンが影響しているようです。

　サルの場合そうなるか否かは生後2年間で決まります。人間ですと6歳までです。要するに母乳で育てて、語りかけ、歌ってあげよ、ということです。それが一番大切です。

読み聞かせ、わらべ唄は脳を発達させる

編集部〕本誌は読み聞かせや、わらべ唄を大切にしていますが。

澤口〕子どもには何も語らないより、語りかけたほうがいいのは当たり前です。男の人より女の人のほうがいいです。それは言葉のトーン、周波数などからして、子どもが落ち着くからです。落ち着くことは脳にとっていいことです。

新生児室の一番奥の子どもが一番よく育っていたというおもしろい話があります。それは掃除のおばさんが掃除が終わると一番奥の子どもに語りかけていたからだそうです。また、子どもの頃に子守唄やわらべ唄を聞いていないと、音痴になるというデータもあります。いずれにしても、読み聞かせることは非常にいいということはわかっています。読み聞かせでなぜ脳が発達するかということは、脳科学的にははっきりとわかっていませんが、私たちとしては、言葉は人間にとって大変重要なものであり、言語を介して脳は発達するのではないかと言われています。

　それから、脳をまんべんなく育てるという意味では、言葉を聞かせるということは主に左脳が働き、歌は右脳が働きますから、読み聞かせと子守唄やわらべ唄の組み合わせはいいのではないでしょうか。

前頭連合野の働きが落ちるとどうなるか

編集部〕 脳と心の関係は？

澤口〕 脳が心を作ります。心は脳の活動ですが、脳の活動すべてが心ではありません。寝ている時も脳は活動しています。ノンレム睡眠の時も脳は活動しています。その時に心があるとは言いません。だから、脳の働きすべてが心の働きではありませんが、脳活動の一部は心の働きです。だから、脳を育てることは重要なのです。

19世紀の半ばに、アメリカで鉄道技師が事故に遭い、頭がい骨を直径3cmの鉄棒が貫通しました。その技師は一命はとりとめたものの、事故前と後では性格が変わってしまったという、有名な実話がありますが、確かに、彼は前頭連合野の働きがどんなものかということを指し示したくれた人です。事故前は実直で人に好かれ、責任感の強かった彼が、事故後は些細なことですぐにキレ、粗暴な男になりました。未来指向性や社会性のまったくない人間になってしまったそうです。それは前頭連合野の9野と10野を鉄棒が貫いていたからです。現在でも交通事故などで同様な症状が出たりします。

編集部〕それは、物理的に前頭連合野を傷つけてしまったために起こった症状ですよね。脳を傷つけるということは物理的な事故以外の場合もあるのでしょうか？

澤口〕もちろん。働きが鈍くなるということはいくらでもあります。ストレスが溜まると前頭連合野に影響がでてきます。記憶力や計算能力も落ちてきます。ということは頭頂葉の働きが落ちているということです。働きが鈍るということは、私たちにも日常的に起きていることですが、最近の子どもたちを見ていると、長期的に脳の働きが落ち、脳全体の働きも長期的に落ちてきているとつくづく感じます。

　ストーカーは相手に好かれていると思い込み、行動の制御がきかない。若い女性の中には電車の中で平然と化粧をしたり、

足を投げだして床に座ったりなど、妙な姿を目にすることがありますが、これらも前頭連合野の働きが弱いためです。乳幼児期からの積み重ねの結果ではないでしょうか。

　子どもの頃にきちんとしておけば、土台ができているので、多少のブレがあっても何とかなります。幼児虐待などは論外ですが、親子関係において前頭連合野の働きを落とす可能性が一番あるのは、母子密着型です。また、お父さんがお母さんと同じように接してしまうのも問題です。男女共同参画社会などと言われていますが、子育てを男も女も同じようにやるということは間違いであって、多様性が必要です。お父さんの子どもの接し方と、お母さんの子どもの接し方は違ったほうがいいのです。

危険な「普通のIQ知的教育」一辺倒

編集部〕ところで、「最近の学生は」と言われだしてから久しいですが、今の若者についてどう感じておられますか？

澤口〕私がこんなことを言い始めた大きな理由は、今の学生のレベルがあまりにも低いからです。勉強はできる、与えられた問題はこなせる。でも自分から問題を作れないし、問題解決能力がない。それは好奇心がないからです。そういう意味で前頭連合野の働きが悪いわけです。

　なぜそうなってしまったかを聞いてみると、子どもの時からただおとなしく育ってきたからです。そういう大学院生を変えていくの

はすごく大変です。いくら「普通のIQ」が高くても駄目です。これからはまともな研究者は育たないのではないかということすら感じました。中にはまともな学生もいます。まともな学生はその親がよかったのか、先生に恵まれたのか、その両方のどれかです。中退していく学生の共通点は好奇心がないからです。確かに、辛いことはあるかもしれませんが、それを乗り越えるのは、それを知りたいという好奇心です。それがなくなってきています。

編集部〕その好奇心と、よく言われている知的早期教育は密接に関係がありそうですね。

澤口〕知的早期教育についてはいろんな意見がありますが、前頭連合野をきちんと育てるということが前提であればやってもいいと思います。なぜならば、子ども時代は脳がドラスティックに発達する時期であり、脳は記憶に基づいて情報を処理するという性質を持っています。メモリーは大きければ大きいほどいい。メモリーを作るのにいい時期というのは子どもの頃からの教育・環境なので、——もちろんメモリーには子どもの体験、人間関係も含まれますが——、知識は持っていたほうがいいから、ある程度の早期教育はやったほうがいいと思います。しかし、いきすぎると神経症になるというデータが出ていますから問題だと思います。

　誤解をしないで欲しいのは、私が言っている知識とは、経験をベースにした知識です。前頭連合野を伸ばすということを前提

にしていますので、いくら押し付け的に知的早期教育をやってもその知識は実にはなりません。言葉をしっかり教えないかぎり言葉の能力が発揮できないように、好奇心を発揮できるような教育や環境がないかぎり好奇心は伸びません。そういう意味で好奇心は非常に大切です。前頭連合野以外の領域で育つ「普通のIQ」、知的教育一辺倒は危険ですね。お母さんを含めて子どもの好奇心を摘む発言が多すぎますよ。

伝統、伝承されてきたことを普通にやってほしい

編集部〕 先生のお話を集約すると、前頭連合野と脳幹を鍛えるような早期教育をしたほうがいいということですか。

澤口〕 脳幹からの脳内物質が前頭連合野を含めて脳全体の働きを高めていることはわかっています。まず脳幹が先、そして前頭連合野です。多少の相互作用はありますが、まずは脳幹です。

　母性というか、お母さんとしての愛情、気持ちは、生物学的には事実としてあります。その物質はプロラクチンです。母乳はプロラクチンが分泌されるから出るのであって、母乳をあげることによってまたプロラクチンが出てきます。すると、ますます赤ん坊が可愛くなってきます。動物実験でもプロラクチンをなくすと子どもを世話しません。

　それから、自分が幼児虐待を受けると、自分の子どもを可愛く思わないことがあります。それはセロトニンが出にくくなってい

るからです。PTSD（心的外傷後ストレス障害）、神経外傷ストレス症候群です。実はセロトニンが少ないサルは子どもを虐待します。

　何を言いたいかと言いますと、自分が子どもの頃何をされたかによりセロトニンが出にくくなるということです。そういう意味では、環境や経験によって作られていくものは非常に大きいです。

編集部〕 先生の話をうかがっていると、ごく当たり前のことを当たり前にやりなさいと聞こえてくるのですが。

澤口〕 文化には生命学的なベースがあり、文化と遺伝子は「共進化」と言われています。進化的なバックグラウンドと文化は非常に密着しています。進化の歴史の中であまりにも進化的にその本質から外れているものは残っていないです。だから、伝統的に残ってきたものは、私たち人間の進化の歴史にマッチしていたから残っているのであって、大事にして欲しいと思います。

　テクノストレスもそうですが、人間の脳とか人間の本質からずれたことをやると、ストレスがたまっておかしくなってきます。今はそういう時代です。何しろ脳にとって悪いことばかりをしています。無理がかかっています。だから、頭でっかちに変に思想的に動いてしまうとまずいと思います。社会主義が失敗したということは、頭でっかちになってやってみたら失敗したということです。壮大な人体実験をしたわけです。生物学的・遺伝学的にはおかしなことであったということは明らかです。それと同じことで、育児がこう

あるべきだとか、こうしなければならないと惑わされると駄目になります。普通に育てればいいんです。普通に育てれば人間の本質からずれることはありません。脳はそうなっているのです。

　それにしても情報が大雑把すぎます。もう少し本質にそった情報があり、それに即して欲しいと思います。それに加え、伝統的に続いていること、伝承されてきたことを大切にして欲しいと思います。つまり、伝統、伝承されてきたことは、いいものばかりが残ってきたという事実を忘れないで欲しいと思います。

編集部〕本当にそうですね。伝統、伝承が途切れている時代だからこそ、余計に大切だと思います。本日はありがとうございました。

第10章
子育ての「不易」を忘れないで

　和歌山中央幼稚園の山下悦子園長から、「保護者や地域の方に配布するための新聞に原稿を書いて欲しい」という電話をいただきました。山下先生とは前からの知り合いで話の合う方なので、『当たり前の子育てのすすめ』と題し以下の文章を送りました。

　　　今日の高度情報化社会では、情報の受け手である視聴者や読者の資質が問われています。「テレビで見た」とか「新聞に書いていた」などというセリフを巷でよく聞きますが、マスメディアの情報が本当に正しいのでしょうか……。マスコミが過去に多くの過ちを起こしてきた事実からも、情報の受け手である私たちは注意しなければなりません。それは子育て情報においてもしかりです。
　　　そんな世の中において、私たちが注意しなければならないことは、情報を得る手段としてマスコミは便利ですが、その情報に流されないという姿勢ではないでしょうか。とかく、マスコミは新しいもの、流行を追いがちです。時には流行を仕掛けてくることもあります。そんな千差万別の情報の中から取捨選択する力が、

私たちに求められています。その取捨選択する力とは、古いとか新しいではありません。「何が正しいか」です。子育て情報も氾濫しています。世の中に氾濫する情報の中から、「何が正しいか」という観点で取捨選択して欲しいものです。

こういう書き方をすると、「何が正しいかがわかりません」という方がいらっしゃるかもしれません。それは何かというと「不易」です。不易とは、広辞苑では「変わらないこと、不変」と記していますが、子育て・教育において不易とは、「貧しき時代でも、豊かな時代でも、イデオロギーや主義主張が異なっていても、変わらないこと、大切にしなければならないこと」と私は理解しています。

例えば、人類の長い歴史において、千年前に生まれた赤ちゃんも母の乳房に吸いついていました。昨年生まれた赤ちゃんも母の乳房に吸いついていました。50年後に生まれるであろう赤ちゃんも、おそらくそうするでしょう。そこは変わりません。不変です。首のすわらない子どもが歩きだすことはありません。これも変わりません。このように、子育てには、古いとか新しいで

自然体験、絵本体験、いっぱいの和歌
山中央幼稚園

はない、また流行だと簡単に片づけてはいけない、大切にしなければならない不易がたくさんあります。

　私は30数年にわたり、出版活動を通して、その時々の子育てを見つめてきました。そして感じることは、「作られる障がい」です。目と目の合わない子、人の話を聞けない子、言葉の遅れ、多動など、いわゆる「気になる子」が増加しています。それは、氾濫する情報の中で不易を見失い、当たり前の子育てができにくくなった、あるいは、マスコミに振り回されたがゆえに、当たり前でない（子どもの成長・発達の邪魔をする）子育てが一因ではないかと思います。

　「目と目の合わない子」の背後には、目と目を合わせるような生活がなかった。「人の話を聞けない子」や「言葉の遅れ」の背後には、テレビをつけたままの授乳だったり、わらべうた遊びや読み聞かせをしなかったりという、言葉が身につくような遊びや生活がなかった、ということです。別の言い方をすると、子どもが生まれた時は器質的には問題はなかったけれど、当たり前の子育てをしなかったがために、使わなければ育たないものを使わなかったがために起こった二次的障がいでないかと思います。

　余談ですが、猫の赤ちゃんを縦縞の環境（部屋）の中だけで育てると、その仔猫は縦縞しか見えなくなります。しかも、それが一生続きます。人間では実験できませんが、おそらく、人間もそうなるであろうと言われています。別の言い方では臨界期、

——発達過程において、その時期を過ぎると成立しなくなる限界時期と言いますが——、育てるべきことを育む時期があります。適切な時期に適切な関わりがなければ獲得されないということです。

幼い子どもたちと毎日接しているお母さん方に、子どもが健やかに育つための当たり前の子育てをするためにもう一つ知っておいてほしいことは、今まで述べてきた「不易」に加え「発達の特性」です。

人間の一生の各時期には、それぞれの課題があり、それを踏み固めていくことが大切で、固体と環境の相互作用で獲得していきます。とりわけ、乳幼児期の発達課題を獲得するためには、大人の適切な関わり方が大切です。そして、適切な関わり方で注意してほしいことが「発達の特性」です。発達の特性とは、

① 性差・個人差がある：性差、個人差があり、獲得が早い遅いは問題ではない。
② 積み重ね：生きていく上でより大切なものから順に積み上げていくことが大切で、しかも、パスしてはいけない。
③ 適時性：個々の発達課題には獲得しやすい時期がある。

の三つです。

首のすわらない子どもが歩き始めることはありません。歩行器で育った子どもが転ぶと、反射的に手が出ず、鼻や額をケガするケースが多いのです。知的発達にも同様なことが起こります。

知的早期教育にも、発達の特性からみてどうか……、親として の慎重さが求められます。
　最後に、最近の脳ブームは要注意です。ブームに流されるのではなく、先人たちの体験やおばあちゃんの知恵袋などには、当たり前の子育て、不易が隠されています。それに耳を傾けて欲しいです。そして、「手をかけて　手が離れたら目をかけて　目が離れたら心離すな」。乳幼児期には適切な手をかけて下さい。学童期には目をかけて下さい。青少年（思春）期には心を離さないで下さい。これが思春期までを見通した子育ての智恵です。

　私は今の日本のあらゆる分野に欠落していることは「不易」だと思っているので、子育て中の方が読むであろうこの新聞に、「不易」にこだわって欲しいという願いで書かせていただきました。

　不易というと芭蕉の『不易を知らざれば基立ちがたく、流行を知らざれば風新たならず。その本は一つなり』という「不易流行」を思い出す方がいると思いますが、経済優先の現代社会においては、「不易」より「流行」が重視される傾向が強く、目先の価値観にとらわれ、短絡的になりがちですが、このような風潮だからこそ「不易」にこだわりたいのです。
　「気になる乳幼児が気になる児童になり、気になる児童が気になる少年になり、気になる少年が気になる青年になる。そして大人に

なっていく」そんな気がします。その一因が大人の誤った子ども観であり発達観、そして教育観だと思います。そして、今の子どもたちの育ちを修正するのにどこから手をつけていいかわからないという閉塞感がただよっています。そういう時は一度原点に立ち戻って考え直すことが大切だと思います。その原点が不易です。

　私は子育てにおける不易を説明する時、下の表を示します。
　表1、表2は、それぞれ何を表した表でしょうか？　表1は多くの方がわかります。そうです。一日の大人の睡眠時間です。野生動物は喰うか喰われるかの世界です。だから、一般的に草食動物は肉食動物の餌食になる可能性が高いのでおちおち眠ってはいられません。身を守るために睡眠時間は短いです。
　表2は、母乳の成分を表した表です。そして、▲は脂肪で、▼は蛋白質です。これについて、中川志郎氏は『中川志郎の子育て

表1

ヒ ト	7〜8時間
ネ コ	12〜13時間
イ ヌ	10時間
ゾ ウ	3〜4時間
キリン	1〜2時間

表2

	▲ (%)	▼ (%)
ヒ ト	3.8	1.2
オランウータン	3.5	1.4
チンパンジー	3.5	1.3
ゴリラ	3.3	1.6
ウサギ	13.1	12.3
イ ヌ	9.5	9.3
ゾ ウ	17.6	3.6
イルカ	34.9	10.6
ウ シ	3.7	3.3

論』(エイデル研究所)の中で、

> 一般的には、母子が一緒にいるような動物では母乳は薄く、離ればなれになることの多い動物では濃厚な成分をもつのが普通です。逆説的に申しますと、母乳の薄さが母と子の密着状態をつくりだし、その間の交流がより強い母子の絆を構築するということができるでしょう。

と述べています。

　地球上に哺乳動物が登場してから2億年、霊長類は7千万年、人類は350万年と言われています。私たちヒトの遺伝子は、この永きにわたる進化の歴史の中で身につけてきたといっても過言ではありません。だから、世の中が豊かで便利になったからといってそんなにたやすく変わるものではありませんし、大人の都合や経済の論理では変えることができない、いや、変えてはいけない大切にしなければならないことが子育てにはたくさんあります。

　繰り返しますが、子育てにおける不易とは、豊かな時代でも貧しい時代でも、主義主張・イデオロギーが異なっていても、大都市でも田舎でも、親の職業が異なっていても、変わらない、変えてはいけない子どもへの関わり方や術だと思います。そのひとつが生のボイスシャワーである読み聞かせです。

第11章
キーワードは共感

　幼児教育界のみならず、現代社会においてとても気になることは、共感性の欠如です。子どもから大人まで、ありとあらゆるところに共感性の欠如が目にあまります。時々、現場の先生方や保護者にお話をする時に、「あなたならどうする」と以下のような質問をします。

　言葉にならない段階の喃語をしゃべる子どもが、じゅうたんの上でお座りをし、先生（保護者）に向かって「あっ」とか「うっ」と言ったりしながら、時折じゅうたんに視線を向け「あっ」とか「うっ」と言ったりしています。よく見ると、じゅうたんの上の綿ぼこりが風に吹かれてユラユラ揺れています。その時あなたは、その子どもにどう関わりますか？ どう対応しますか？
　この質問に答えてくれる先生や保護者は意外と少ないです。
　私は、綿ぼこりに気づき、黙ってそれを拾ってゴミ箱に捨てる人に「ちょっと待って」、そう言います。視線を向けながら、「あっ」とか「うっ」と言っている子どもの心に寄り添って欲しいのです。その子は生まれて初めて綿ぼこりを見つけたのかもしれません。しかも、それがユラユラと揺れている。面白くてたまらない。嬉しくてたまらない

のです。だから、「あっ」とか「うっ」と言いながらそばにいる人に伝えているのです。

　子どもに限らず人間というものは、初めての体験や発見には心が動くものです。感動するものです。そして、感動したことは人に伝えたいものです。だから、そばにいる大人は共感してあげなければいけないのです。「○○ちゃんえらいねー。よく見つけたねー。先生（ママ）に教えてくれたのー。えらいねー。これ綿ぼこりと言うの。だから、ゴミ箱にポイしょうね」……と。

　大人同士でも同様です。例えがいいかわかりませんが、休日にディズニーランドに行ったとします。パレードやキャラクター、ジェットコースター、とても楽しかった。面白かった。帰宅後、その楽しかった体験を知人や同僚に伝えた時、彼らが「あっ、そう」「それで」と冷めた対応をしたら、あなたはどんな気持ちになりますか？　彼らには二度と話す気が起こらなくなるでしょう。この時のあなたの気持ちと前述の子どもの気持ちは同じなのです。

　子どもの成長・発達は、新しい経験と発見の連続です。言葉の未熟な子どもは「面白かった。感動した」とは言いませんが、身ぶり、手ぶり、表情、喃語を使いながら、そばにいる人に一所懸命伝えているのです。子どもの育ちは、発見 → 感動 → 伝達 → 共感、その繰り返しです。寄り添うことができない、共感できない大人のそばにいる子どもは、やがて発見しない、感動しない、伝えもしない、そんな子どもになることでしょう。

ある公民館主催、自主市民講座『今どきの子育て』で話して欲しいというので行ってきました。主な対象は家庭で子育てをしている母親でした。前述したことを織り交ぜながら、子育てにおいて今という時代こそ読み聞かせが大切、絵本にもいい絵本と悪い絵本があるなどを話しました。すると、終わった後、人のよさそうなお母さんからこんな質問がありました。

「2歳の子の母親ですが、私も読み聞かせは大切だと思っています」
「いいですねー」
「今デンキを読み聞かせしてます」
「デンキって何ですか……？」
「伝記です」
「えっ‼……」。開いた口がふさがりませんでした。
「読み聞かせしていて楽しいですか？」
「……」
「お子さんは楽しそうですか？」
「……」
「図書館の司書に相談してみてはいかがでしょう。それが嫌なら『こどものとも』にしてみてはいかがでしょう」

　このお母さんはごく普通のお母さんです。読み聞かせが大切であるということも重々わかっているようです。しかし、多くのお母さん方

に「どうして読み聞かせをするのですか?」とたずねると、「絵本が好きだから」「子どもの時に読んでもらったから」と答える方が多いですが、なかには、「将来、こんな大人になって欲しいから」など言う方がいます。そんな上から目線の本の選び方をすると、本来の絵本の力は発揮できません。

　そんなやりとりがあった数日後、以下のような出席者からの感想が届きました。
* 言語力の大切さ、TVやDVDの有害さがよく解りました。何でも早め早めに教えていましたが、発達に寄り添うことを忘れていました。小さい時は、毎日読み聞かせしていたのに、最近してなかったので、また読み始めようと思っています。
* とてもわかりやすい内容でした。テレビをつけたままにしていたり、DVDをすぐに見せたり、大人の都合に合わせた生活をしていたこと、反省しなくてはと思いました。
* 日頃から子どもの反応や言葉をなるべく気にかけて、反応を返すように心がけていましたが、携帯を片手にあやしていたり、料理中などは子どもの反応をないがしろにしていた部分があったと気づきました。「親が発する言葉が子どもの言葉につながる」、当たり前のことだけど今さら気づいて背中がぞっとしました。
* 乳幼児期の子育ては本当に大事なんだなぁと思いました。最近、子どもがiPodにはまって、渡すとずっと見ています。まさに中毒

状態です。見ている時間が長くなったら、違うことに興味をそらし一緒に遊んだり、関わる時間を増やせるようにしたいです。当たり前のことですが、子どもにもきちんと人格があると再認識しました。

* 便利な時代になったなぁと思っていたら大間違いで、危険と隣り合わせということの重大さを考えさせられました。普段の生活を見直そうと思いました。
* 「作られる障がい」から「二次的器質障がい」という言葉、意味にとても興味・関心を持ちました。また、家庭環境の大切さも、成長にとてもかかわりがあること、これから意識をもって子育てに役立てていこうと思います。
* TVやCDはよく見せていました。「集中力ではなくて中毒だ」と聞いて、気をつけようと思いました。読み聞かせ、わらべうた、おもちゃを上手に使い子育てしていこうと思いました。
* 子育てする中で表面的なこと、例えば、どのように叱るか、どんな遊びがよいのか、などにとらわれがちでしたが、もっと基本的な親子の信頼関係の大切さに気づかされました。
* 子育ての本を読んだりして、「テレビはよくない、読み聞かせはいい」と知っていたのですが、時間が経つとどうしても、子どもは後回しになっていたので、改めて考え直したいと思います。
* 2人の子どもがいるのですが、下の子はすごく言語能力が高く、上の子は低く、気になる時期もありましたが、今日のお話を聞い

て思い返した時に、子育ての反省点がよくわかりました。子どもの話をよく聞き、共感していきたいと思います。

* テレビの付け放し、携帯を片手に、読み聞かせやわらべうたが少ない……、耳が痛かったです。「子どもの言語力は親の言語力が影響する」とおっしゃっていましたので、親の私も本を読まなくてはいけないと思いました。

* 「子どもは大人が関わらないと育たない」「子どもの発達に子育ては合わせるもの、大人の都合に合わせない」。当たり前のようだけど、改めて母親の関わり方が大切だと痛感しました。つい、子どもが好きなテレビ、ビデオ、パソコンに頼ってしまう部分があるので、気をつけようと思います。

* 乳幼児期の家庭環境によって作られる「二次的器質障がい」の話、ゾクッとしました。自分の子育てを振り返り、大人の都合（大人のための便利グッズ等）で子どもの発達の邪魔をしていなかったかどうか、子どもの言葉にきちんと共感できていただろうか、反省することが多々あり、これからはもっともっと子どもの声に耳を傾けていきたいと思いました。読み聞かせももっとやっていこうと思いました。

* 言葉の大切さ、共感すること、心を動かすこと、きちんと向かい合うことの大切さを改めて学びました。大人の都合で子どもの発見や好奇心を見逃さないよう、「後片付けより読み聞かせ」を心に留めていこうと思います。ラジオ、もう一度見直してみようと思

います。

* うちはもうDVDやTV中毒になりかけていると危機感を持ちました。読み聞かせやわらべうたがよいとは聞いていましたが、なぜよいのかまでは詳しく知らず、今日聞けて本当によかったです。一日も早く危機的状況を脱出するため、TV時間を減らしたり、TVをつけない日を作っていきたいと思います。

* 「テレビやビデオはよくない」とか「読み聞かせはいい」ということは、何となくわかっていました。しかし「何となく」なので、日々の生活の中では楽な方へ流されていました。今日は解り易く「なぜか」を教えていただいたのでよかったです。生活の中で実践していきたいと思います。

* 読み聞かせをすることで、子どもが読み手の感情を読み取っているということを知り、とても嬉しく思いました。小学生のクラスで読み聞かせのボランティアをしているので、それも子どもたちによいことである、と自信を持って続けていきたいと思います。TVを消すこと、共感すること、子どもの要求に応え、ペースに合わせてあげられるように意識していきたいです。

* 子どもが生まれる前は、母親になって子どもの人生に関わることに対して不安な部分が大きくて、考えることも多かったのですが、実際に2人の母親になると、そんなことを考える余裕も少なく、毎日の生活をスムースにすることを優先させていたのかなと思いました。子どもの発達に添って、たくさん心を揺さぶってあげたいと

思いました。今4歳の子が2歳の頃から、「絵本を読んで読んで」と一日4〜5冊読んでいて、「大変だ」と正直思っていて「そろそろ字を教えて、自分で読んで欲しいな」と思っていましたが、まだまだ「読んで」と言われるうちは読んであげようと思いました。

* 乳幼児に何気なく行っている関わりが、この先に及ぼす影響が出てくることが、心に留めることができてよかったです。「言葉、伝える、コミュニケーション」の大切さが身に染みました。子育てに対してまた一つ、楽しみ、重み、先を見据えることができ、心構えのようなものが見つけられ嬉しく思いました。気づきのきっかけになり頑張れる力になります。

『非行の火種は3歳に始まる』(相部和男著 平井信義解説 PHP研究所)に、次の子どもの詩があります。

　　　ものすごく寒い日
　　　ぼく　学校の帰り道で
　　　むらさき色の花をみつけた。
　　　「あっ、もう、すみれの花が咲いている」
　　　ぼく　うれしくなった。
　　　そのすみれの花をとって　走って帰った。
　　　戸をあけるなり
　　　「かあちゃん　見てごらんよ」と

すみれの花をさし出した。
そしたら　かあちゃんが
「すみれぐらいで　大きな声出すな」と
顔をしかめて言った。
ぼく　何もする気がなくなった。

　今から28年前の本です。共感性のない不用意な親の発言が、子どもの意欲をつぶしてしまう。こんな大人が増えているような気がしてなりません。

第 2 部

子育てに絵本を

第1章
はじめに

　乳幼児期の意識下の基本的信頼感がその後の人生や育ちに影響を及ぼしていることは、その背後には現代社会の豊かさや便利さ、ハイテク機器の普及があります。それは、同時代に生きる大人にも影響を及ぼしています。
　保育現場のベテラン先生方から、「保育者の育ちが危ない」「保護者は子育てをどうしていいかわからない」「子どもと遊べない。楽しめない大人が増えた」、そんな話をよく聞きます。それは一言で言えば、経験不足・体験不足かもしれませんが、あふれる情報、あふれる疑似体験がそうさせているのかもしれません。

　ある園長は、楽しむことの大切さについて、こんな話をしてくれました。

　　楽しむことがわかるのは幼児期までです。幼児期までに本当に楽しむことを知っている子どもは、ずっと楽しめるんです。小学校の準備のために乳幼児期があるわけではありません。幼児期までに大切にしなければならないことは、楽しむことの素晴らしさ、

失敗することの勇気、失敗してもやるぞーというこの肯定感、こういうものを幼児期までに体感させなければなりません。それが人間として育つ一番大切なところだと思います。でも今は、それが欠けています。読み聞かせだけではないですが、楽しめない大人がいることが問題なわけです。

確かに、難しいことは考えずに、親と子、先生と子どもの間で読み聞かせの楽しいひとときを過ごせばいいわけです。読み聞かせは、園でもできる、家庭でもできる、園と家庭が協力しやすい道具の一つです。いたって簡単なこと、やればできる、やる気があるかどうかではないでしょうか。

生まれて間もない赤ちゃんは、泣くことのみで何も話してはくれませんが、自分がどのように扱われているかを敏感に感じとっています。自分の世話をしてくれる母親や周りの大人たちが自分を快適に気持ちよくしてくれる、という体験が多ければ多いほど人や社会に対する基本的信頼感を身につけていきます。もの言わぬ赤ん坊が、大人の関わり方を試している、そんな時期かもしれません。

現代人は、親から子へ、子から孫へと伝わってきた口承文芸を身につけることをしてきませんでした。いや、先輩たちが伝えることを忘れたのかもしれません。しかし、そのツケを子どもたちに先送りしてはなりません。子どもに関わる全ての大人たちに新たな努力が

求められているのです。

　読み聞かせというフィルター持っている大人と、そうでない大人とでは、──絵本の世界を楽しむことができる大人と、そうではない大人とでは──、子どもの接し方が異なるので子どもの育ちに大きな違いがでてきます。絵本の読み聞かせを介在として、指示命令語ではない生のボイスシャワーを子どもにたくさんふりかけ、大人と子どもで楽しむこと、その時間を共有することが、子どもにとっての「最初歴」です。1部で述べました「生育歴」が問われる事件が増加しています。あずかっている子ども、あずけている子どもがそうならないために、小学校に入学してから云々を考える前に、さらに、生きる力が身についていない幼い子どもたちの「最終歴」を気にする前に、彼らの「最初歴」をじっくりと、ゆっくりと積み重ねていってほしいと願っています。その一つが「読み聞かせ」です。

第2章
五領域と絵本のかかわり

　ある幼稚園団体から『子どもの心を動かす絵本の選び方や読み聞かせの仕方』について講演依頼がありました。演題がどうであれ、話す中身が変わるわけではありません。人間らしい感性の早期教育こそ必要、以前から絵本を保育にもっと活用すればいいのにと思っていたので、絵本論や文学論は話しませんという条件でお引き受けしました。

　そして、次の(1)から(42)を箇条書きにし、「(1)から(42)は何を列挙したものかわかりますか？」と質問しました。

(1)　先生や友達と触れ合い、安定感をもって行動する。
(2)　いろいろな遊びの中で十分に体を動かす。
(3)　進んで戸外で遊ぶ。
(4)　様々な活動に親しみ、楽しんで取り組む。
(5)　先生や友達と食べることを楽しむ。
(6)　健康な生活のリズムを身に付ける。
(7)　身の回りを清潔にし、衣服の着脱、食事、排泄などの生活に必要な活動を自分でする。

(8) 幼稚園における生活の仕方を知り、自分たちで生活の場を整えながら見通しをもって行動する。

(9) 自分の健康に関心をもち、病気の予防などに必要な活動を進んで行う。

(10) 危険な場所、危険な遊び方、災害時などの行動の仕方が分かり、安全に気を付けて行動する。

(11) 先生や友達と共に過ごすことの喜びを味わう。

(12) 自分で考え、自分で行動する。

(13) 自分でできることは自分でする。

(14) いろいろな遊びを楽しみながら物事をやり遂げようとする気持ちをもつ。

(15) 友達と積極的にかかわりながら喜びや悲しみを共感し合う。

(16) 自分の思ったことを相手に伝え、相手の思っていることに気付く。

(17) 友達のよさに気付き、一緒に活動する楽しさを味わう。

(18) 友達と楽しく活動する中で、共通の目的を見いだし、工夫したり、協力したりなどする。

(19) よいことや悪いことがあることに気付き、考えながら行動する。

(20) 友達とのかかわりを深め、思いやりをもつ。

(21) 友達と楽しく生活する中できまりの大切さに気付き、守ろうとする。

(22) 共同の遊具や用具を大切にし、みんなで使う。

⑬　高齢者をはじめ地域の人々などの自分の生活に関係の深いいろいろな人に親しみをもつ。
⑭　自然に触れて生活し、その大きさ、美しさ、不思議さなどに気付く。
⑮　生活の中で、様々な物に触れ、その性質や仕組みに興味や関心をもつ。
⑯　季節により自然や人間の生活に変化のあることに気付く。
⑰　自然などの身近な事象に関心をもち、取り入れて遊ぶ。
⑱　身近な動植物に親しみをもって接し、生命の尊さに気付き、いたわったり、大切にしたりする。
⑲　身近な物を大切にする。
⑳　身近な物や遊具に興味をもってかかわり、考えたり、試したりして工夫して遊ぶ。
㉑　日常生活の中で数量や図形などに関心をもつ。
㉒　日常生活の中で簡単な標識や文字などに関心をもつ。
㉓　生活に関係の深い情報や施設などに興味や関心をもつ。
㉔　幼稚園内外の行事において国旗に親しむ。
㉕　生活の中で様々な音、色、形、手触り、動きなどに気付いたり、感じたりするなどして楽しむ。
㉖　生活の中で美しいものや心を動かす出来事に触れ、イメージを豊かにする。
㉗　様々な出来事の中で、感動したことを伝え合う楽しさを味わう。

⑶⑻　感じたこと、考えたことなどを音や動きなどで表現したり、自由にかいたり、つくったりなどする。
⑶⑼　いろいろな素材に親しみ、工夫して遊ぶ。
⑷⓪　音楽に親しみ、歌を歌ったり、簡単なリズム楽器を使ったりなどする楽しさを味わう。
⑷⑴　かいたり、つくったりすることを楽しみ、遊びに使ったり、飾ったりなどする。
⑷⑵　自分のイメージを動きや言葉などで表現したり、演じて遊んだりするなどの楽しさを味わう。

　これは何かというと、幼稚園教育要領の五領域の「言葉」を除いた「健康」・「人間関係」・「環境」・「表現」の内容を列挙したものです。⑴から⑽までが「健康」、⑾から㉓までが「人間関係」、㉔から㉞までが「環境」、㉟から⑷⑵までが「表現」です。
　ちなみに、幼稚園教育要領でいう「ねらい」とは、就学前までに育つことが期待される生きる力の基礎となる心情、意欲、態度であり、「内容」とは、ねらいを達成するために指導する事項のことです。

　そして、「それぞれの内容からどんな絵本が思い浮かびますか？」とたずねると、例えば、⑴は『○○○○』、⑵は『□□□□』というように書名がすぐに浮かぶ先生と、書名がなかなか浮かんでこない先生、概していうと、絵本についてはベテランの先生の方がよく知

っている、若い先生はあまり詳しくない、そんな印象を持ちました。

　ところで、「絵本は読んであげるもの。そんなに難しいことは考えずに、楽しめばいいのよ」、そう思っている方がたくさんいると思います。そして、絵本を要領や指針と結びつけることに違和感を覚える方もいると思います。私もそう思わないわけではありませんが、おそらく、そう思う方は読み聞かせの大切さや絵本の楽しみ方をよく知っている方だと思います。そういう方は全く問題ありませんが、絵本体験がなくテレビやDVDなどの映像文化の中で育った世代、幼稚園・保育園時代に総合雑誌で教えられて育った世代が、現場の先生や保護者になっている今日、日常の現場で起こるさまざまなことに、——例えば、保育計画を立てるうえでも、日常の保育や子育てを行ううえでも——、こういう時はこの絵本、ああいう時はあの絵本というように絵本が浮かんでくれば、子どもに無理矢理に教え込ませようとしなくていいので、——子どもが気づくのを待つことできるようになるので——、保育や子育てがもっと楽しくなるのではないだろうか、絵本と保育・子育ては結びついているという実感、そのきっかけになればいいなと思い、86頁の『四領域の内容と絵本』リストを作ってみました。しかも、紹介した絵本は評価の定まっている本ばかりです。

四領域の内容と絵本

領域		内　　容
健康	(1)	先生や友達と触れ合い、安定感をもって行動する。
	(2)	いろいろな遊びの中で十分に体を動かす。
	(3)	進んで戸外で遊ぶ。
	(4)	様々な活動に親しみ、楽しんで取り組む。
	(5)	先生や友達と食べることを楽しむ。
	(6)	健康な生活のリズムを身に付ける。
	(7)	身の回りを清潔にし、衣服の着脱、食事、排泄などの生活に必要な活動を自分でする。
	(8)	幼稚園における生活の仕方を知り、自分たちで生活の場を整えながら見通しをもって行動する。
	(9)	自分の健康に関心をもち、病気の予防などに必要な活動を進んで行う。
	(10)	危険な場所、危険な遊び方、災害時などの行動の仕方が分かり、安全に気を付けて行動する。
人間関係	(11)	先生や友達と共に過ごすことの喜びを味わう。
	(12)	自分で考え、自分で行動する。
	(13)	自分でできることは自分でする。
	(14)	いろいろな遊びを楽しみながら物事をやり遂げようとする気持ちをもつ。
	(15)	友達と積極的にかかわりながら喜びや悲しみを共感し合う。
	(16)	自分の思ったことを相手に伝え、相手の思っていることに気付く。
	(17)	友達のよさに気付き、一緒に活動する楽しさを味わう。
	(18)	友達と楽しく活動する中で、共通の目的を見いだし、工夫したり、協力したりなどする。
	(19)	よいことや悪いことがあることに気付き、考えながら行動する。
	(20)	友達とのかかわりを深め、思いやりをもつ。
	(21)	友達と楽しく生活する中できまりの大切さに気付き、守ろうとする。
	(22)	共同の遊具や用具を大切にし、みんなで使う。
	(23)	高齢者をはじめ地域の人々などの自分の生活に関係の深いいろいろな人に親しみをもつ。
環境	(24)	自然に触れて生活し、その大きさ、美しさ、不思議さなどに気付く。
	(25)	生活の中で、様々な物に触れ、その性質や仕組みに興味や関心をもつ。
	(26)	季節により自然や人間の生活に変化のあることに気付く。
	(27)	自然などの身近な事象に関心をもち、取り入れて遊ぶ。
	(28)	身近な動植物に親しみをもって接し、生命の尊さに気付き、いたわったり、大切にしたりする。
	(29)	身近な物を大切にする。
	(30)	身近な物や遊具に興味をもってかかわり、考えたり、試したりして工夫して遊ぶ。
	(31)	日常生活の中で数量や図形などに関心をもつ。
	(32)	日常生活の中で簡単な標識や文字などに関心をもつ。
	(33)	生活に関係の深い情報や施設などに興味や関心をもつ。
	(34)	幼稚園内外の行事において国旗に親しむ。
表現	(35)	生活の中で様々な音、色、形、手触り、動きなどに気付いたり、感じたりするなどして楽しむ。
	(36)	生活の中で美しいものや心を動かす出来事に触れ、イメージを豊かにする。
	(37)	様々な出来事の中で、感動したことを伝え合う楽しさを味わう。
	(38)	感じたこと、考えたことなどを音や動きなどで表現したり、自由にかいたり、つくったりなどする。
	(39)	いろいろな素材に親しみ、工夫して遊ぶ。
	(40)	音楽に親しみ、歌を歌ったり、簡単なリズム楽器を使ったりなどする楽しさを味わう。
	(41)	かいたり、つくったりすることを楽しんだり、遊びに使ったり、飾ったりなどする。
	(42)	自分のイメージを動きや言葉などで表現したり、演じて遊んだりするなどの楽しさを味わう。

第2部　2章　五領域と絵本のかかわり

書　　名	書　　名	書　　名
コッコさんのともだち(福)	こぶたほいくえん(福)	ようちえんにいきたいな(徳)
だるまちゃんとうさぎちゃん(福)	みどりのホース(福)	うみやまがっせん(福)
どろだんご(福)	しゃぼんだまとあそぼう(福)	およぐ(福)
ぐりとぐらのえんそく(福)	14ひきのぴくにっく(童)	ともちゃんとこぐまくんのうんどうかい(福)
おいしいおと(福)	ばばばあちゃんのやきいもたいかい(福)	ぼくのぱん　わたしのぱん(福)
おやすみなさい　フランシス(福)	おふろだいすき(福)	コッコさん　おはよう(※)(福)
ゆうちゃんとめんどくさいサイ(福)	はけたよ　はけたよ(童)	もしゃもしゃちゃん(福)
わたしようちえんにいくの(文)	ようちえん(福)	おおきくなるっていうことは(童)
ぼくびょうきじゃないよ(福)	ちのはなし(福)	むしばミュータンスのぼうけん(福)
たろうのおでかけ(福)	ぴかくん　めをまわす(福)	きゅうきゅうばこ(福)
とん　ことり(福)	たろうのともだち(福)	フローラのにわ(福)
はじめてのおつかい(福)	ねぼすけスーザのおかいもの(福)	くんちゃんのだいりょこう(岩)
もう　おおきいの(※)(福)	ぼく　ひとりでいけるよ(偕)	ペレのあたらしいふく(福)
ひとまねこざる(岩)	ちょろりんのすてきなセーター(福)	てんのくぎをうちにいったはりっこ(福)
ふたりはともだち(文)	おしいれのぼうけん(童)	がまくんとかえるくん(※)(福)
ふゆじたくのおみせ(福)	けんかのきもち(ポ)	しっぽのきらいなねこ(福)
サラダとまほうのおみせ(福)	だんぷえんちょうやっつけた(童)	あかてぬぐいおくさんと7にんのなかま(福)
おおきなおおきなおいも(福)	スイミー(好)	あらいぐまとねずみたち(福)
パンのかけらとちいさなあくま(福)	おしゃべりなたまごやき(福)	ラチとらいおん(福)
あめのもりのおくりもの(福)	そらまめくんのベッド(福)	たからさがし(福)
11ぴきのねこ　ふくろのなか(こ)	くいしんぼうのはなこさん(福)	ミミちゃんのぬいぐるみ(福)
ルラルさんのにわ(ほ)	こうえんのいちにち(文)	こぐまとシーソー(※)(福)
おじいさんならできる(福)	ペカンの木のぼったよ(福)	あさえとちいさいいもうと(福)
だいちゃんとうみ(福)	よあけ(福)	はなをくんくん(福)
どうぐ(福)	しずくのぼうけん(福)	もぐらとじどうしゃ(福)
はるにれ(福)	ちいさいおうち(岩)	りんごのき(福)
ゆきのひ(偕)	雨、あめ(評)	うみべであそぼう(福)
わたしとあそんで(福)	ろくべえまってろよ(研)	こいぬがうまれるよ(福)
ボリボン(福)	パトカーのピーすけ(福)	イェペはぼうしがだいすき(文)
だるまちゃんとてんぐちゃん(福)	あかくんとまっかちゃん(福)	かみコップでつくろう(福)
10までかぞえられるこやぎ(福)	ウラパン・オコサ(童)	くるまは　いくつ?(福)
さんぽのしるし(福)	月・人・石(福)	とけいのほん(福)
しょうぼうじどうしゃじぷた(福)	よるのびょういん(福)	おふろやさん(福)
こっきのえほん(戸)	—	—
あおくんときいろちゃん(至)	あかいふうせん(ほ)	これ　なあに?(偕)
まちにはいろんなかおがいて(福)	もりのかくれんぼう(偕)	ふゆめがっしょうだん(福)
ねえ、どれがいい?(評)	かんがえるカエルくん(福)	おつきさまってどんなあじ?(セ)
ぼくのくれよん(講)	はろるどとむらさきのくれよん(文)	いろ、いきてる(福)
やさいでぺったん(福)	かみであそぼう　きる　おる(文)	たたんで　むすんで　ぬのあそび(福)
つきのおんがくかい(福)	みんなであそぶ　わらべうた(福)	うたがみえる　きこえるよ(福)
まほうのえのぐ(福)	かみひこうき(福)	つくってあそぼう!おまつりやたい(※)(福)
フレデリック(好)	もけら　もけら(福)	よるのようちえん(福)

福:福音館書店、文:文化出版、こ:こぐま社、ほ:ほるぷ、偕:偕成社、戸:戸田デザイン、ポ：ポプラ社、至:至光社、岩:岩波書店、評:評論社、講:講談社、好:好学社、徳:徳間書房、童:童心社、研:文研出版、セ:セーラー出版　　※は月刊誌

87

なぜこのようなリストを作ってみたかというもう一つの理由は、幼稚園教育要領には、

　　　各領域に示すねらいは、幼稚園における生活の全体を通じ、幼児が様々な体験を積み重ねる中で相互に関連をもちながら次第に達成に向かうものであること、内容は、幼児が環境にかかわって展開する具体的な活動を通して総合的に指導されるものであることに留意しなければならない（傍点筆者）。

と書かれているからです。また、保育所保育指針にも、

　　　この五領域並びに「生命の保持」及び「情緒の安定に関わる保育の内容は、子どもの生活や遊びを通して相互に関連を持ちながら、総合的に展開されるものである（傍点筆者）。

と書かれています。
　要領・指針に書かれている「相互に関連」と「総合的」をどう理解するかで、保育のあり方は大きく変わってきます。相互に関連とは、「五領域を小学校の国語・算数・理科・社会というように教科的にとらえてはいけません」ということです。総合的とは、「個々のものを一つにまとめるさま」という意味です。

そして、保育所保育指針3章1「保育のねらい及び内容」の言葉のねらいには、

① 自分の気持ちを言葉で表現する楽しさを味わう。
② 人の言葉や話などをよく聞き、自分の経験したことや考えたことを話し、伝え合う喜びを味わう。
③ 日常生活に必要な言葉が分かるようになるとともに、絵本や物語などに親しみ、保育士等や友達と心を通わせる。

と書かれています。幼稚園教育要領にも全く同じことが書かれています。

　その趣旨は「一緒に言葉を楽しもう」ということです。「絵本を使って教えなさい。指導しなさい」「教えた通りにやらせなさい」などとは一言も書かれていません。そう理解してはいけないのです。丸ごとバランスよく育てましょうと言っているのです。

　しかし、現場には「五領域があるからいい。便利。教え易い」と要領・指針を全く逆に好き勝手に解釈している方がたくさんいます。そういう先生は教えることを前提に作っている総合雑誌を使っています。それは、先生にとっては便利であるが、子どもの発達保障の観点から見ると疑わざるを得ません。

子どもに限らず、大人でもそうですが、教え込まれたり、実感がともなわない知識はすぐに忘れてしまいます。求められるのは経験・体験に基づいた知識です。
　例えば、干潟に遠足に行くとします。『かがくのとも』にあったと思いますが、事前に『ひがた』を何度も何度も読み聞かせすればいいわけです。すると当日、「ヤドカリがいた」とか「○○がいた」などと、子どもたちは気づきます。実感のともなわない知識を押しつけるのではなく、間接体験である絵本体験、──素晴らしい絵本を上手に組み合わせて──、遠足という直接体験の場で、子どもたちが気づくのを待つということが生活体験をより太く、より強くし、それが生きる力につながると、私は思います。

　余談ですが、保護者が連絡帳を見ないということは、全国各地でよく耳にします。ある園のことですが、「遠足があるので当日は普段より早く園に連れてきて下さい」と連絡帳に書いたものの、当日は遅れて来る子どもが続出、なかには1時間以上も遅れて来た子どもがいたそうです。
　最近の保護者は連絡帳よりもメールということもあるようですが、連絡帳を見ないということは、我が子の園生活に関心がないということを表しています。しかし、この園が読み聞かせに熱心だったらこんなことは起こらなかったのではないかと、ふと思いました。
　前日まで遠足に関係する絵本を毎日読み聞かせしていたならば、

子どもたちはその日をワクワクドキドキしながら待っていたはずです。すると、その気持ちが親御さんにも伝わっていたのではないだろうかと思うからです。子どもは楽しみにしていることを先生や親に伝えたくなるものです。連絡帳を見ない親を弁護するつもりはありませんが、遠足に限らず園行事に関連する絵本を読み聞かせしていれば、家庭でも親子の会話が生まれ、おそらくこんなことは起こらなかったのではないでしょうか。

　保育は知識の切り売りではありません。子どもをバランスよく育てるためには、間接体験、直接体験をはじめ多様な体験を生活を通して積み重ねていくことが大切です。また、ただ単にさまざまな活動を提供すればいいというものでもありません。子ども自身が自ら考え、判断し、納得し、行動することを通して生きる力を身につけていくためには、体験を通して子ども自身の内面の成長につながることが大切です。日常生活の中での一つひとつの体験は独立したものではなく、絵本体験をはじめ他の体験と関連をもつことにより、体験が深まり、充実したものになります。間接体験と直接体験のバランスが求められます。だから、大人がいい絵本を知っているか否かが、子どもに大きな影響を与えるのです。この表を参考にして、年齢別の絵本リストを作ってみてはいかがでしょうか。

第3章
絵本で教えない、感想は聞かない

　昨今の日本社会には将来への不安からか、子どもに早く知識を詰め込むことが教育であり、そうすることが、子どもの将来を保証するという風潮が強くあります。現に、そういう風潮を逆手にとったビジネスが巷に溢れています。また、保育現場にも教えたがり屋や感想の聞きたがり屋が多すぎます。また、それを望む保護者が実に多いです。そうではなく、子ども時代は情緒的、感性的なことの方がずっと大切です。読み聞かせを通して、教え込んだり、読後感想を聞いたりすると、読み手の解説や質問が多くなったり、時には聞く態度を注意したり、子どもを本嫌いにさせてしまいます。

　いい絵本には子どもの心を動かす力があります。まずは、読み聞かせるいい絵本をしっかりと下読み、音読をし、大人自身がその絵本の中にどれだけ入りきれているのか、その絵本に共感したり感動しているのかが大事なのです。頼りになるのは読み手の感性です。その上でたんたんと読んでいただきたいと思います。

　そして、読み聞かせ後には、その絵本について質問しないで下さい。読後の質問を繰り返すと、やがて子どもは、質問に答えるために聞くようになります。また、「よく聞くことは、中身を覚えることだ」

と思ってしまいます。これでは絵本が教科書や問題集になってしまいます。

　ある園長は読み聞かせについて、

　　　絵本で子どもに何かを教えようとしないこと、大人は子どもに何かを教えようとしがちですが、絵本で何かを教えようとした時、子どもは絵本の楽しさがわからなくなります。大人も子どもも一緒に一冊の絵本を楽しむということが大切です。その時、大人と子どもの間に温かい気持ちのつながりができます。だから、繰り返し繰り返しよい絵本を読んであげる、大人と子どもで楽しむことが大切です。

とおっしゃっていました。

　それから保育現場では、読み聞かせの後に「ありがとうございました」と子どもたちに言わせる園があります。また、始める前に、

　　　「♪おはなし　おはなし　パチ　パチ　パチパチ　おくちはチャック　手はおひざ　さんかくすわり　いちにのさん　おはなししてもいいですか♪」
　　　「いいですよ」

と歌ってから読み聞かせを始める園があります。子どもを落ち着かせるためにやっているのでしょうが、これでは子どもは主体的に聞こうという気が起こらないと思います。こういうことはやめましょう。

　子どもは一見うろちょろしているように見えても、ちゃんと聞いている子どもがいます。もしかすると、先生の読み方が下手なのかもしれません。また、先生の読み聞かせする位置に問題があるかもしれません。

第4章
月刊物語絵本を活用しよう

　私は、読み聞かせを子育ての大切な柱としてきました。歌を忘れたカナリヤならぬ、子どもに語りかけられない、子どもとの関わり方を知らない大人が増えてきたからです。だから、より一層声高々に言わなければならないと思っています。しかし現実は、園や家庭から「読み聞かせ」が遠のいています。

　「子どもに読み聞かせをしても、成果がなかなか見えない。読み聞かせで子どもの何が育つのか？ 何を育てようとしているのか？」と質問を受けることがあります。そんなとき私は、「あなたは素話をいくつ語れますか？ わらべうたをいくつ知っていますか？」と問いかけます。すると困った顔をします。

　その昔は、子どもを寝かせるために、おはなしをしてきました。そして、そのほとんどが昔話でした。私も子どもの頃、寝る前に祖父母の布団に潜り込んで聞いた記憶があります。しかし今日では、子どもにせがまれても語ってあげられる親は少数だと思います。それは親自身が語ってもらった経験がないからです。

　少子化、核家族化、生活環境の悪化で、過保護・過干渉、口やかましい親が増えこそすれ、親と子の絆を強めることが難しくなっ

ています。ここ10数年来の子育ての風景には、生の声で語って聞かせることが極端に減ってきています。携帯片手に授乳をしたり、子どもと手をつなげないなど、子どもとの接し方を知らない大人が増えています。

　しかし、子どもの知育面には非常に敏感になっています。そうではなく、絵本を介在として親子で楽しむ、親子でその時間を共有することが、絆や信頼関係を強くします。その結果として、言葉が育ち学力や人間関係などに苦労しなくてすむようになります。

　幼児教育現場を歩いてみると、一部の保護者が「うちは要らない」「うちは違う知育教材をとっているので要らない」と言うので月刊物語絵本の採用をやめた、という話をよく聞きます。その理由は定かではありませんが、公私にかかわらず保育料以外のお金を集めにくくなり、さらに平成の市町村合併を機に、――月刊物語絵本を採用していた自治体と採用していなかった自治体が合併した結果――、全ての園が月刊物語絵本の採用をやめたとか、園が保護者から月刊物語絵本の集金代行を行ってはいけない、などの理由で子どもたちから読み聞かせを遠ざけていることは、大人の身勝手なご都合主義だと思います。

　その論理だと、給食費やクレパス、画用紙などの集金もやめなければなりませんね。給食費や消耗品の集金は行っていないのでしょうか？　私は、自治体や園の方針として、または、先生自身が子ど

もに読み聞かせをすることが面倒だ、子どもの成長・発達に読み聞かせが大切であるということを知らないからだと思えてなりません。

　確かに、保護者の中にはいろいろな意見や考え方の人がいることはわかりますが、成長・発達の著しい乳幼児期の子どもたちに絵本は不要という人がたとえいたとしても、そんなに多くはないと思います。少数意見を大切にしなければならないことも、重々承知のうえですが、少数意見に振り回されてはなりません。むしろ、バランスのよいまっとうな人間を育てるために乳幼児期の子どもには絵本は必要、保護者がまっとうな親になるためにも絵本は必要なのです。

『学力と階層〜教育の綻びをどう修正するか』（苅谷剛彦　朝日新聞出版）で、子どもが生まれ育つ家庭の社会・経済・文化的な環境によって、学業成績に差異がみられる、「家庭背景が子どもの学力に大きな影響を及ぼす」と言っています。これは当たり前のことで、家庭背景が学力のみならず、人間関係にも子どもの将来に大きな影響を及ぼすことは多くの人が周知していることです。
　また、『見える学力、見えない学力』（岸本裕史著　大月書店）で、岸本裕史は以下のように言っています。

　　＊ 言語能力は、おおまかにいって語彙をどれだけ知っているか、どれだけ自由に使いこなせるかでほぼ規定され、小学校入学時に、知的な面で遅れをとっている子どもは、1500位、普

通の子どもは3000程、よくできると見られる子どもは6000以上も言葉を自由に使えるまでに至っている。
* たくさんの言葉を知っているということは、それだけ一般化・抽象化できる能力が高まっているといってもさしつかえない。
* 親が日常使っている言葉の質が高ければ、おのずと子どもの言語能力の発達は促進される。
* 学校の成績があまりよくないといわれる子どもに、一生懸命にドリルを買い与えてやらせても、効果ははかばかしくありません。塾へやっても期待はずれになりがちです。
* それは、学力の土台となる言語能力が乏しいからです。言語能力は知的の能力の核心であり、学力の土台です。できのいい子、ひらめきのある子は、例外なく高くて豊かな言語能力を持っています。

と述べています。

　家庭の文化も、親から子へ　子から孫へと連鎖します。その連鎖を維持し、後代に伝えるためにも、幼い子どもたちに関わることを仕事として選んだ方々は、努力しなければなりません。今の幼い子どもたちが大人になった時、次の世代へ伝えるものを育んでいるでしょうか。人間を人間たらしめる土台は、言葉（母語）です。便利な時代になったからこそ、幼い子どもにはローテクな読み聞かせが必

要なのです。『思考の生理学』(ちくま文庫)の著者・外山滋比古氏は、

> 生まれてきた子どもが大きくなるために、とりあえず必要なものは三つある。一つ目は空気。これがなければ死んでしまう。二つ目は食べ物。これを与えなくてもすぐには死なない。でも、お腹が空けば泣く、欠かせないものである。三つ目は言葉。これは与えなくても子どもは泣かない。死なない。でも、大人が一番忘れがちなることが言葉を与えることだ。

と言っています。全くその通りです。言葉を与えることは、テレビなどの音声機器を与えることではありません。生のボイスシャワーを与えることです。しかも、質の高い言葉を……。質の高い言葉は、いい絵本にたくさんあります。

長崎の菜の花保育園の石木和子園長は、

> うちは家庭で読み聞かせしてもらうために、絵本は全員にとってもらっています。それは家庭の文化度が乳幼児の子どもに確実に現れてきているからです。保護者の中には、うちは要らないという人がいないわけではありません。そういう親に限って、つまらない駄菓子や炭酸飲料を買って飲ませています。保護者の

菜の花保育園の全景

言うことをそのまま鵜呑みにしてしまうと、低学力の再生産、低文化の再生産が繰り返されます。

と言っていました。また、栃木県の陽だまり保育園の本田泉園長は、

うちの園はテレビもビデオもありません。絵本の世界を保育に取り入れているので、『こどものとも』は必ず買っていただきます。子育ては園と家庭が一緒に育てる共育てですから、『こどものとも』を媒体・ツールにして、園の様子をそのまま家庭に持って帰っていただき、家庭で再現していただきます。そういうことを入園説明会で話します。『こどものとも』のない保育なんて考えられません。

と話してくれました。すると、その場にいた園児の父親・佐々木和

也さんは、こんな話をしてくれました。

　私は子どもが持って帰った『こどものとも』を読み聞かせする時、父親として園での保育を想像しながら読み聞かせます。同じ本ですが、私が読み聞かせする時と妻が読み聞かせする時では変わってきます。その時の気分で変わったりします。たぶん、それぞれの家庭ではそれぞれの家庭の持ち味がでたりすると思います。それでいいと思っています。上手な読み方ではなくても、子どもにとっていい読み手であることが大切だと思います。
　ある朝、前日に保育園で読んでもらったであろう『もこ もこもこ』(谷川俊太郎作　元永定正絵　文研出版)を娘が持ってきました。私は初めての本でした。これは面白い絵本でした。暗い読み方もできるし、楽しい読み方もできます。読み手の気分や人生が現れます。絵本のことはよくわかりませんが、こんな面白い媒体はありませんよね。

推定築200年の古民家(延べ床面積850㎡)を移築して作った陽だまり保育園

と話してくれました。さらに、熊本県の45年間『こどものとも』を取り続けている黒肥地保育園の鍋田まゆ先生は、

　　　　ずっしりと重たいダンボールの梱包を解くのは無類の楽しみです。今でも、真新しい絵本を手に取るとき、1冊の本が自分のものになっていく喜びとともに、頁をめくるたびに新しい出会いに引き込まれていきます。
　　　私は73年に保育科を卒業しました。しかし、卒業したての70年代は日本の経済も良く、「学歴」がもてはやされていました。そんな中で、卒業したての私は、子どもたちの前に立つと、「できるようにさせる」「わかるようにさせる」「あれもこれも経験させる」と、悪くはないだろうと思われることは何でもやってみました。40年近く経った今、自分の保育を振り返り、考えることしきりです。ただ、毎日散歩に出かけたことと、おはなしの時間があったことはとても良かったと思っています。

絵本が入手できなかった頃、子どもには読み聞かせは大切という思いから、先代が自ら描いた『シンドバッドの冒険』の紙芝居の絵

園庭で子どもたちを眺めていますと、ゆったりとした時間の流れの中で、砂山を作り、三輪車をこぎ、蛇口の水に手をかざし、光に映る"影"の不思議に見入る子どもの姿があります。たっぷりとした時間があれば、子どもたちは内なる自分と対話し、豊かな心の熟成をすすめます。そのことが一層絵本の中の子どもたちとの同化を可能にし、絵本の世界を楽しむ力をつけているようです。子どもは空想世界を縦横に駆け回ります。子どもにとって未知だらけの現実世界は、ひょっとしたら空想世界と変わらないものかもしれません。いつの時代も、子どもたちは絵本が大好きです。芸術性の高い、優れた絵本と出会った子どもたちは、いともたやすくその世界に入り込み、主人公と同化し、たっぷりと遊び込みます。

　あれもこれもと行事を作り立てようとする今、いらないものをはずし、子どもの時間を取り戻していく時が来ているように思います。私たちの園は1958年1月に、託児所『くろひじようじえん』として開設しました。わが家の座敷を開放して、60余名の子どもたちとの出発でした。何もない時代、父は白い外壁に大きなひまわりの絵を描き、紙芝居も作りました。『シンドバッドの冒険』の絵は4枚がまだ残っています。もともと文学好きの父は、『こどものとも』を見せられたとき、「う～ん、こら～よか（なるほど、これは良い）」と言って喜びました。試行錯誤の保育の連続の中で、子どもたちの周りにすてきな絵本があふれていたことが園の誇りです。

出版の仕事しているからいうのではありませんが、本当に本が売れなくなりました。本を買わなくなりました。知り合いの家にお邪魔しても、蔵書が本当に少ないです。あるのは高価なIT機器や視聴覚機器ばかりです。そのようなものでは想像力は育まれません。子どもを中心に園と家庭が連携・協力するためにも、読み聞かせの一層の普及を図る時がきているのではないでしょうか。
　ちなみに　教育基本法は、

> 第10条（家庭教育）父母その他の保護者は、子の教育について第一義的責任を有するものであって、生活のために必要な習慣を身に付けさせるとともに、自立心を育成し、心身の調和のとれた発達を図るよう務めるものとする。
> 2　国及び地方公共団体は、家庭教育の自主性を尊重しつつ、保護者に対する学習の機会及び情報の提供その他の家庭教育を支援するために必要な施策を講ずるよう努めなければならない。
> 第11条（幼児期の教育）　幼児期の教育は、生涯にわたる人格形成の基礎を培う重要なものであることにかんがみ、国及び地方公共団体は、幼児の健やかな成長に資する良好な環境の整備その他適当な方法によって、その振興に努めなければならない。
> 第13条（家庭及び地域住民等の相互の連携協力）　学校、家

> 庭及び地域住民その他の関係者は、教育におけるそれぞれの役割と責任を自覚するとともに、相互の連携及び協力に努めるものとする。

とうたっています。

　また、幼稚園教育要領・保育所保育指針にも保護者への支援・連携が先生方の大切な仕事の一つであると位置づけられています。保護者への支援・連携とは、保護者に媚びを売ることではありません。肝心なことは子どもの発達保障です。そのためには、園と家庭がバラバラでは困ります。園と家庭が同じ月刊物語絵本を使い、園では大好きな先生が読み聞かせしてくれる、家庭では大好きなお父さんお母さんが読み聞かせしてくれる、子どもにとってはごく短い時間ですが独占できる楽しい楽しいひと時です。こんな幸せなことはありません。それが、基本的信頼感はもちろんのこと、将来あらゆる場面で要求されてくるであろう想像力を育むことになるのではないでしょうか。

　大人も読み聞かせをしてもらったらわかると思いますが、言葉というものは読むよりも聞くほうが言葉の本質に迫ることができます。そのための媒体として月刊物語絵本は安価ですし最良だと思っています。

第5章
月刊物語絵本と総合雑誌のちがい

　月刊誌は大別すると月刊物語絵本と総合雑誌に大別できますが、子どもの発達保障の観点からみると、月刊物語絵本がいいです。しかし、総合雑誌の採用園が増えているような気がします。総合雑誌を採用している先生方に、採用したその理由をたずねると、「健康・人間関係・環境・言葉・表現の五領域をおさえているから使いよい」と言います。

　幼稚園教育要領・保育所保育指針をそう解釈してはいけないということは前述したとおりですが、「この絵本を読むとみんなが仲良くなる」とか「喧嘩しちゃダメよ」という道徳観を押しつけるために使ったり、また、「子どもが喜ぶ」からと思っているようですが、子どもは決して喜びません。現実は、先生自身が使いやすい、楽だからではないでしょうか。

　また、できたらシールをあげる（ごほうび教育）というようなものもあります。これはオペラント条件反射と言われるもので、要注意です。子育てや保育においては、自分で考え、自分で活動し、判断し、認識を高めるという「思考をくぐるプロセス」を大切にしなければなり

ません。シールをあげるごほうび教育は、人間にとって大切な思考を奪ってしまい、ほうびをくれる行動はよいことで、くれないのは悪いことだと単に受け身的行動を形成させるので本当の人格は育ちません。

　保育現場をはじめ子育てで大切にしなければならないことは、子どもの心に寄り添いながら「思考をくぐるプロセス」を実践することです。総合雑誌は、大人の視点で子どもにどうやって働きかけたらいいか、子どもをどう動かせばいいか、というマニュアル的、ハウツー的な細切れの知識です。それに対し、月刊物語絵本は、子どもの視点で、子どもがその物語に入り込む時、子どもがどう楽しむことができるかという「思考をくぐるプロセス」があります。その違いは歴然です。

　保育現場の若い先生に、「子どもの時に読んでもらった絵本で覚えている絵本はありますか？」とたずねると、多くの方が「覚えています」と答えます。しかも、書名だけでなく読んでくれた人が必ず出てきます。これはとても大切なことです。総合雑誌の何月号という方は全くいません。当たり前です。子育てをする人は人、読み聞かせする人も人、子どもと大人が共感できたかどうか、本の背後に人の存在を感じられたかどうかです。これは月刊物語絵本と総合雑誌の大きな違いです。

ある幼稚園のベテラン園長は、

　　養成校から来る実習生の多くが、子どもに寄り添うことができません。養成校はカリキュラムで教えることばかりが多いからだと思います。そんな講義は要らないです。子どもに寄り添うということは、例えば、子どもが泣いているとすると、どうして泣いているのかということがわかるようになったら、子どもに寄り添えるということになるのです。その教育がみな抜け落ちているのです。根底のところで寄り添うということがわかっていればいいのですが、今は先生たちが知らない、親も知らない。そういう大人が増えたことが非常に問題だと思います。

とおっしゃいました。そしてさらに、父親参観日に父親に『こどものとも』を読み聞かせしてもらい、そのよさを体感してもらうといって以下の話をしてくれました。

　　今の父親世代は、お父さんは外で働いてお母さんだけで育ちました。お母さんしか知らずに育った父親です。だから、その父親はものすごくお母さん的です。
　　そうではないということを知ってもらうために、「お父さん、アグラをかいて下さい。そこへ子どもが入ります」と言って、『こどものとも』を読み聞かせしてもらいます。子どもは家ではこんなこと

第2部　5章　月刊物語絵本と総合雑誌のちがい

をしてもらったことがないので、「お父さん、帰ったらこれやろう」と言います。そういう親子の触れ合いの向こうに絵本があるということです。その触れ合いがあって初めて、絵本の内容に入りだすかなーと思います。まずは触覚から、そして、ぬくもり、人間の温かさ、それから絵本に入ったらいいと思います。

　大人はとかく頭で理解しようとしますが、子どもは絵を読む楽しさ、面白さを生まれながらに知っています。大人が読み聞かせすることにより、子どもは心の目で絵や言葉のリズムを身体全体で感じ取り、主人公に同化し心から絵本の世界に入り込み物語を体験し、楽しみ、豊かに育っていきます。レイチェル・カーソンが『センス・オブ・ワンダー』で「感じることは知ることより大切。幼児期はこの土壌を作る時」と言っていますが、まさに至言です。見えないものを育むのが乳幼児期です。

　ところで、こんな話があります。東日本大震災で、被災地の子ど

109

もたちに本を送ろうということで、総合雑誌を送った方がいます。しかし、現地は困ってしまいました。それは子どもが喜ばなかったからです。総合雑誌は教えなければ全く役に立たないからです。記憶には残らないし、捨ててしまう消耗品なのです。

　これに対して、月刊物語絵本はそれを介在として親子、先生と子どもで楽しんでもらうこと、その時間を共有すること、大人が子どもに読んであげることを前提に作られています。要領や指針がうたっている「絵本や物語などに親しみ、保育士等や友達と心を通わせる」にぴったりと合致しています。

　小学校の新しい学習指導要領が昨年（2011年）4月から施行されました。それに伴い教科書が新しくなりました。111頁の表は、一年生から三年生の教科書に採用された月刊物語絵本のリストです。今はハードカバーになっているものもありますが、最初は全て月刊の『こどものとも』『かがくのとも』でした。

　小学校低学年、とりわけ一年生は、「聞く」「話す」の言語活動から始まり、次第に「読む」「書く」へと進んでいきます。就学前に月刊物語絵本を楽しんだ子どもは、聞く耳が育っているので、スムースに学校生活のスタートを切ることができます。ちなみに、総合雑誌は教科書には掲載されていません。

教科書に載った月刊物語絵本

書名	月刊誌号数	出版社名
くろねこかあさん	こどものとも年少版1985年2月号	教
てじな	こどものとも年少版1998年5月号	三
ねえどっちがすき?	こどものとも年少版1998年9月号	三
ひこうじょうのじどうしゃ	こどものとも年少版1990年3月号	教
おおきなかぶ	こどものとも1962年5号	光・東・教・学
きょだいなきょだいな	こどものとも1988年5月号	三 教
しょうぼうじどうしゃじぷた	こどものとも1963年10月号	教
かばくん	こどものとも1962年9月号	教・学
ぐりとぐら	こどものとも1963年12月号	東・教
だいくとおにろく	こどものとも1962年6月号	光・東・三
しんせつなともだち	こどものとも1965年4月号	東
あめふり	こどものとも1984年5月号	教
こすずめのぼうけん	こどものとも1976年4月号	三
やこうれっしゃ	こどものとも1980年3月号	教
まゆとおに	こどものとも1999年4月号	光・教
ふしぎなナイフ	こどものとも1985年11月号	三
おなべおなべにえたかな	こどものとも1995年3月号	東
いいこってどんなこと こ	どものとも1993年3月号	東・教
カニツンツン	こどものとも1997年6月号	三
ずいとんさん	こどものとも2001年3月号	教
ねことらくん	こどものとも1981年4月号	三
みんなおなじでもみんなちがう	かがくのとも2002年1月号	三
まめ	かがくのとも1974年6月号	学
しっぽのはたらき	かがくのとも1969年4月号	三
だれだかわかるかい?むしのかお	かがくのとも1991年8月号	三
サンドイッチサンドイッチ	こどものとも年少版2005年4月号	三
めのまどあけろ	こどものとも年少版1981年2月号	学
たろうのともだち	こどものとも1962年1月号	三
そらいろのたね	こどものとも1964年4月号	光
三びきのこぶた	こどものとも1960年5月号	教
さんまいのおふだ	こどものとも1978年1月号	三
とんことり	こどものとも1986年4月号	三
めっきらもっきらどおんどん	こどものとも1985年8月号	光・教
おっきょちゃんとかっぱ	こどものとも1994年9月号	東
ちょろりんととっとけー	こどものとも1990年9月号	光
月人石	こどものとも2003年1月号	東・三
せんたくかあちゃん	こどものとも1978年8月号	学
スーホの白い馬	こどものとも1961年10月号	東
たんぽぽ	かがくのとも1972年4月号	東・教
すみれとあり	かがくのとも1995年4月号	教
きゅうきゅうばこ	かがくのとも1987年2月号	三
ふゆめがっしょうだん	かがくのとも1986年1月号	三・教・学
トマトのひみつ	かがくのとも1994年6月号	教
ぼく、だんごむし	かがくのとも2003年7月号	三
おへそのひみつ	かがくのとも1998年4月号	東
かみひこうき	かがくのとも1973年11月号	三
かみコップでつくろう	かがくのとも1984年8月号	光
てじなでだまっしこ	かがくのとも1989年10月号	光
どうぶつえんガイド	かがくのとも1991年4月号	光・東
木	こどものとも2001年2月号	光・東
トマトさん	こどものとも2002年6月号	光
はるにれ	こどものとも1979年1月号	三・教
むしたちのさくせん	かがくのとも1995年4月号	東
あなたのいえわたしのいえ	かがくのとも1969年6月号	東

一年生／二年生／三年生

教…教育出版　三…三省堂　光…光村図書　東…東京書籍　学…学校図書

第6章
物語絵本ならどれでもいいのか?

　ところで、物語絵本ならばどれでもいいのでしょうか? これについては二つの観点から述べなければなりません。

　一つ目は、最近の総合雑誌にも物語が載っています。その典型が昔話です。昔話は著作権フリーなので、編集者が意図するように簡単に手を加えることができます。これまでの総合雑誌にとりあげられた昔話では、結末を変えてしまうものが多々ありました。しかし、最近では結末は変えずに、中身をはぶいて短く縮める、はしょる傾向があるような気がします。これは、結末を変えること以上に怖いことです。

　例えば、ロシアの昔話『3びきのくま』です。

　かつての総合雑誌には、「女の子が逃げた」という結末はよくないので、「女の子が謝る」という結末に変えた『3びきのくま』がありました。しかし最近は、結末は変えないけれど、中身をはぶいて短く縮めている総合雑誌があります。その総合雑誌の『3びきのくま』では、原作に忠実な『3びきのくま』トルストイ文　バスネツォフ絵／おがさわらとよき訳（福音館書店）の文①②③が④になっています。

① 　おおきな くまは、じぶんの おわんを てにとって なかを のぞいたと おもうと、こわい こえで ほえました。
「だれだ、わたしの おわんの すーぷを のんだのは」
　ナスターシャ・ペトローブナは、じぶんの おわんを のぞいて、ちゅうくらいの こえで ほえました。
「だれです、わたしの おわんの すーぷを のんだのは」
　ミシュートカは、じぶんの からっぽの おわんを みて、ほそい こえで いいました。
「だれだい、ぼくの おわんの すーぷを すっかり のんでしまったのは」

② 　ミハイル・イワノビッチは、じぶんの いすを みて、こわい こえで ほえました。
「だれだ、わたしの いすに すわって、いすを うごかしたのは」
　ナスターシャ・ペトローブナは、じぶんの いすを みて、ちゅうくらいの こえで ほえました。
「だれです、わたしの いすに すわって、いすを うごかしたのは」
　ミシュートカは、じぶんの いすが こわれているのを みて、ほそい こえで いいました。
「だれだい、ぼくの いすに すわって、いすを こわしたのは」

③ 「だれだ、わたしの べっどに ねて、しきふを しわくちゃにしたのは」
と、ミハイル・イワノビッチが こわい こえで ほえました。
「だれです、わたしの べっどに ねて、しきふを しわくちゃにしたのは」
と、ナスターシャ・ペトローブナが、ちゅうくらいの こえで ほえました。
　ミシュートカは、ふみだいを おいて じぶんの べっどに はいろうと しましたが、ほそい こえで、
「だれだい、ぼくの べっどに ねて……」
と、いいかけたとき おんなのこを みつけたものですから、まるで けがでもしたように さけびました。
「みつけた！ つかまえて、つかまえて！ こここだよ、このこだよ！ はやく、はやく！ つかまえて！」

④ 「おやっ、だれかが ぼうやの スープを のんでしまったぞ!?」
「だれかが、ぼうやの いすを こわしてしまったわ。」
「みて！ だれかが、ぼくの ベッドで ねているよう。」
おんなのこは はっと めをさましました。

ホンモノは、大中小のくまの繰り返しのパターンですが、子どもが言うかわりに、親が一言で言ってしまっています。これはとても恣意的、上から目線の作り方です。この昔話のよさは、子どもが自分で大中小を確認して、自分で発見するところにあるのに、そこを全部はしょってしまい、親に言わせてしまうということは、子どもにとっては何の意味もないものになっています。これでは身も蓋もないとしかいいようがありません。

　編集者は、親の思いとか子を思う親の気持ちなどを表したいと思っているのかもしれませんが、それは恣意的な大人の論理です。結末は変えずに中身を巧みに変えられると、原作を知らない人はさらっと読んでしまい、恣意的な手が入っていること気がつきません。昔話は語法を壊さないで次の世代に渡すことが大切です。著作権フリーだからといって結末や中身を変えることには、ある種の危うさを感じます。かつて、『桃太郎』を戦意高揚のために使った時代があったのですから……。

二つ目ですが、月刊の物語絵本が各社から出版されています。それらについても、物語絵本だからどれでもいいというわけにはいきません。困ったなーというものがあります。例えば、若い先生方には人気が高く、「感動した」「温かさが感じられる」と言うのですが、それを読み聞かせすると子どもが腑に落ちない表情をするものや、家族の身近なテーマを作品にしていますが、幼児向けでないものなどさまざまです。また、同じ作家でも版元が変わると「子どもに寄り添っているのかなー」と思えるものがあります。

　いい絵本かどうかは、つきつめれば作る側がどういう発達観、子ども観、人間観を持っているかにかかっています。一言で言えば、物語絵本でも科学絵本でも、その出版社や編集者に「センス・オブ・ワンダー」があるかどうかではないでしょうか。私はそう思います。上から目線の教育的な恣意的な作品や、子どもに媚びを売る小手先の技術では、「センス・オブ・ワンダー」は生まれません。

　名著『センス・オブ・ワンダー』（レイチェル・カーソン　上遠恵子訳　新潮社）では以下のように記しています。

> 　わたしは、子どもにとっても、どのようにして子どもを教育すべきか頭をなやませている親にとっても、「知る」ことは「感じる」ことの半分も重要ではないと固く信じています。
> 　子どもたちがであう事実のひとつひとつが、やがて知識や智恵を生みだす種子だとしたら、さまざまな情緒やゆたかな感受性

は、この種子をはぐくむ肥沃な土壌です。幼い子ども時代は、この土壌を耕すときです。
　美しいものを美しいと感じる感覚、新しいものや未知なるものにふれたときの感激、思いやり、憐れみ、賛嘆や愛情などのさまざまな形の感情がひとたびよびさまされると、次はその対象となるものについてもっとよく知りたいと思うようになります。そのようにして見つけだした知識は、しっかりと身につきます。
　消化する能力がまだそなわっていない子どもに、事実をうのみさせるよりも、むしろ子どもが知りたがるような道を切りひらいてやることのほうがどんなにたいせつであるかわかりません。

　読み聞かせで子どもが「不思議だなー」「どうしてだろう?」と感じられるかどうか、そして、「教えるのではなく、子どもが気づくのを待てる」、そんな物語絵本がいいと思います。『センス・オブ・ワンダーを探して』(阿川佐和子・福岡伸一　大和書房)の中に、どの本にも書かれていないという石井桃子さんの言葉が載っていました。

　　子どもたちよ。子ども時代をしっかりとたのしんでください。おとなになってから、老人になってから、あなたを支えてくれるのは子ども時代の「あなた」です。

　そんな、子ども時代を楽しめる絵本がいい絵本だと思います。

第7章
月刊物語絵本は架け橋

　前にもふれましたが、幼稚園教育要領・保育所保育指針には、支援と連携がうたわれていますが、同じ月刊物語絵本を園でも家庭でも読み聞かせすることは、支援であり連携であると思います。

1　親と子の絆

　親子の絆が叫ばれ始めてから随分と時が経ちます。なぜ絆が大切なのか、どういうプロセスを経て形成されていくのか、わかっているようでわかっていません。ただ言えることは、関わらなければ絆は結ばれないということ、結び損じると問題が生じてくるということです。

　その関わり方も子どもにとっていい関わり方をする人、大人の都合で子どもに関わる人、人それぞれです。でも共通していることは、大人と子どもが同じ時間と空間を共にしなければ絆は結べないということです。親と子を物理的に引きつけなければならないということです。引きつけたうえでいい関わり方ができればいいわけです。しかし、いまの家庭は親と子どもは一緒に居るけれど皆バラバラ、別々のことをしていたり、別々のテレビを見ていたり……。

随分前になりますが、『げ・ん・き26号』（1993年）で「母と子の真の絆をゆるぎないものに」というタイトルで、仁志田博司氏（当時、東京女子医科大学・母子総合医療センター教授）にインタビューをしました。先生は秋篠宮妃殿下・紀子様のご出産に立ちあった方です。以下の文章はその一部ですが、親子を引き離してはいけないということが「歴史の教訓」としてよくわかります。

　　我々、新生児を専門とする者は歴史の教訓として学びました。それは、未熟児が生まれると感染を防がなければならないので、1〜2ヶ月もの間未熟児室に入れました。最初の頃は感染を防ぐことに、また赤ちゃんを医学的に育てることに気をとられ、お母さんのことにあまり関心を払いませんでした。お母さんは窓越しに面会するぐらい、お母さんが面会に来なくてもあまり注意を払いませんでした。
　　ところが、2〜3ヶ月経って子どもが退院できるようになり、「お母さん、よかったですねー」とお母さんに話しかけたら、「私は家へつれて帰っても育てる自信がありません」とそのお母さんは全くその子どもに関心を示さなくなっていました。
　　このようにNICUで長期間母子分離をすると、──お母さんは全然悪いお母さんではなく、お母さん自身は教養もあり普通の家庭で育っていますが──、3ヶ月も離れてしまうと、自分には子育ての自信がない、子どもを見ても可愛いと思わない、家に

つれて帰ってもどうしていいかわからなくなってしまいました。「私たちは子どもを救ったけれど、母親を失った」という、私の師匠の台詞を今も忘れません。

　ピエール・ブダンという今から100年近く前に世界で最初の未熟児センターをパリに作った方がいます。未熟児医療の夜明けの時に、『The Nursling』という育児書の中で「母子分離された母親は児への愛情を失う」と述べています。私たちは先人の教訓を学ばないで、知らないで、実はずーっと悪いことをしていたわけです。そして、ようやく色んなデータを見回すようになったのです。

　カナダのトロントで、乳幼児被虐待症候群（battered child syndrome）の頻度がNICUを退院した子どもに非常に多いというデータが出ました。そしてファナロフが、NICUに入院中に家族が頻繁に面会に来たグループと面会に来ないグループでは、その親の養育障害、いわゆる子どもを捨てたとか虐待したとか発育障害の発生頻度調べてみると、面会に頻繁に来たグループは1.8％ですが、面会に来なかったグループは23％です。4人に1人の割合で養育障害になってしまう。私たちが近代的な医療だと思って、赤ちゃんをNICU1ヶ所に集めて治療してきたことが、実は大きな問題を残しました。

　ということで今NICUでは、お母さんに面会に来させるのみならず、お母さんに子どもに触らせる、お母さんに子どもに話しか

けさせる、もしもお母さんが理由なく1週間も来なかった場合はこちらから連絡して来てもらうようにしています。それから、お母さんに問題がありそうな場合には、看護婦や若いドクターが、子どもの代わりにちょっとした手紙をお母さん宛に書きます。「お母さん先週は会いに来なかったので、僕寂しかったよ」とか「明日、検査をするんだけれど、お母さん僕励ましてよね」と。交換日記みたいになっています。私はその日記を読んで、思わず泣いたことがあります。

23年前の記事の一部ですが、どうお感じになったでしょうか。いずれにしても昔も今も親と子は引きつけなければなりません。そう思います。しかし、家庭にある便利なハイテク機器が、家庭の中に居ても親子を引き離しています。または、子育てシステムそのものが、親子を引き離そうとしています。だからこそ、月刊物語絵本の読み聞かせが親と子の絆をより強固にする架け橋になるのではないかと思います。

ところで、『げ・ん・き』編集部は創刊以来、読み聞かせを子育ての大切な柱としてきました。今もというよりますます読み聞かせを大切にしなければならないと思っています。『げ・ん・き58号』（2000年）「答申・白書に見る読み聞かせのすすめ」で、私が書いた原稿の一部を抜粋します。12年も前のことですから、記憶にない方が多いと

思いますが、いうなれば、今の親世代が子どもの頃の話題です。しかも、その出所はその2年前ですから、14年前のものです。

　1998年6月30日に、『新しい時代を拓く心を育てるために〜次世代を育てる心を失う危機〜』「幼児期からの心の教育の在り方について」と題した中央教育審議会の答申が出されました。それは、子どもたちの心をめぐる問題が広範にわたることを踏まえ、社会全体、家庭、地域社会、学校それぞれについてその在り方を見直し、子どもたちのよりよい成長を目指してどのような点に今取り組んでいくべきかという提言で、特に、過保護や過干渉、育児不安の広がりやしつけへの自信の喪失など、今日の家庭における教育の問題は座視できない状況になっているため、家庭教育の在り方について多くの提言を行っています。

幼児には親が本を読んで聞かせよう
　子どもにとって読書は、想像力や考える習慣を身に付け、豊かな感性や情操、そして思いやりの心をはぐくむ上で大切な営みである。読書の楽しみを知り、読書に慣れ親しむようにするには幼少時の体験が重要である。
　まず、幼少時から本を読んで聞かせることから始めよう。親のぬくもりを感じながら、優れた絵本に接し、一緒に共感し合うひとときは、子どもの感性や心を豊かにする貴重な時間となる。

読書を習慣付けるためには、たとえ一回の時間が少なくとも、毎日本を読み聞かせることが望ましく、例えば、食事の時間、昼寝の時間などと同じように、「本の時間」を設けて本を読み聞かせるといった工夫をしたらどうだろうか。また、子どもが眠る前に、添い寝をしながら本を読んで聞かせることは、親にとっても充足感を覚えることであるが、子どもの心の成長に計り知れない恵みをもたらす。

　本の選択については、子どもの発達に応じるということが大切である。知育のみに目を奪われ、難し過ぎる本を読ませたり、文字を早く教え込もうとするようなことは、子どもを本嫌いにしてしまったり、親の焦りによって子どもの心にストレスを与えることにもなりかねず、そうしたことのないよう注意を求めたい。

無際限にテレビやテレビゲームに浸らせないようにしよう

　子どもたちが自分専用のテレビを持つようになりつつあり、その視聴は、子どもたちの生活時間の中で大きな比重を占めている。ある調査では、小・中・高校生の平日のマスメディア接触時間は平均3時間前後であり、テレビの視聴時間は約2時間となっている。また、幼児に関するある調査では過半数の者が2〜4時間もの時間をテレビ視聴に充てている。

　テレビやテレビゲームについても今や大多数の家庭に普及しており、多くの小・中・高校生がこれらを頻繁に利用している。

また、幼児が早くもテレビゲームを身近に利用し始めていることも目につく。

　高度情報化社会では、子どもであっても、大人同様に、多くの多様な情報に簡単に触れたり発信したりすることができ、両者の垣根は極めて低くなっている。このことをよい方向に生かせば、子どもたちの知性や感性を触発し、日常生活の幅を広げ、それを豊かにすることができるであろう。

　しかし、その一方で、情報メディアへの過度ののめりこみは、屋内への閉じこもりに表れるような人間関係の希薄化、直接体験の不足、心身の健康への影響などの問題に拍車をかけるおそれもある。そして、その結果として、人間関係をつくる力、他人に共感して思いやる心などが子どもにも十分にはぐくまれないことや、死や生に関する現実実感の希薄化が生じることなどが懸念される。また、仮想現実の世界が広がることにより現実との混同を生じるなど、子どもたちの健全な心の成長に大きな影を落とすおそれもある。

　このため、①子どもたちが心から楽しめる魅力的な遊びや自然体験などの直接体験の機会を用意し、これにもっと参加させるという積極的な姿勢をとること、②テレビやテレビゲーム等に子どもたちがのめり込まないよう各家庭でルールを設け、それを守ることを習慣付けるようにすることが必要である。

　家庭でのルールをめぐる現状を見ると、例えば、テレビに関す

る調査によれば、時間量や時間帯についてきまりを設けている家庭は半数足らずであり、テレビの「見方に対するしつけは厳しい方」という家庭はわずか2割程度にとどまっている。

　親は、テレビやテレビゲーム等の利用についてのルールづくりについて、小さいころから専用の機器を与えることが適当がどうかも含め、よく考えてほしい。また、なぜそういうルールが必要か、子どもたちによく話してほしい。

暴力や性に関するテレビ・ビデオの視聴に親が介入・関与しよう
　今日、暴力や性に関する情報など、子どもたちに好ましくない影響を及ぼす有害情報が、様々なメディアを通じてあふれている。これからの社会では、有害情報をはじめ、誤った情報、不要な情報などにのめり込んだり、惑わされたりしないようにすることが必要であり、子どもたちにそうした力を養うことが求められる。また、同時に、大人が子どもを有害情報に近付けないよう努力することも併せて必要である。

　例えば、テレビについて、どの程度親が注意を払っているかを調べると、「見てよい番組を決めて見せている」という親は3割足らず、「見る時間量を制限している」親は半数足らずと少数になっている。さらに、有害性の判断基準に関しても、日本の親は、外国に比して暴力的なテレビ番組等に寛容であるといった問題が指摘されている。

親は、子どもたちがどのような情報に接しているのか注意を払い、有害な情報と判断する場合は、子どもが自らそうした情報に接しないよう促したり、接することをきっぱりやめさせることが必要である。

このためには、特に次のような取り組みを各家庭でお願いしたい。

① 親が具体的に子どものテレビ番組やビデオの視聴等に介入し関与すべきであること。

② 極端に暴力的な場面や露骨な性的描写が盛り込まれていたり、人権を軽んじたりするような内容のテレビ番組やビデオ等は親の判断で子どもに見せないようにし、それを家庭でのルールにすること。

③ 他方、子どもにとってよい番組と考えるテレビ番組やビデオを子どもと一緒に視聴する時間をとり、その内容を話題にして子どもとの会話を深めること。

なお、テレビゲームやパソコン、インターネット等については、子どもが個室を閉ざすことを許しながら、子ども専用の機器を安易に買い与えるようなことは、特に気を付けてほしい。

また、子どもの友人がある情報機器を持っているから買うことをみとめる、あるいは、ある番組を見ているから見ることを許す、といった安易な考え方を改めるようにしてほしい。

いかがでしょうか？ 14年前の提言です。全く陳腐ではありませんね。この世代が今や親になっているのです。保育現場では「子ども以上に親のほうがゲーム漬けになって困っている」とか、母親からは「お父さんがゲームにはまり子どもと遊んでくれない」などよく聞きます。そういう大人はおそらく子ども時代に絵本体験がなかったからでしょう。子育ては連鎖します。絵本体験も連鎖します。今こそ負の連鎖を断ち切るためにも、保護者に読み聞かせを強力にすすめなければなりません。その責任は幼児教育界にあると思います。読み聞かせは世代を超えた不易なのです。

2 園と家庭の架け橋

　今、幼稚園・保育園に支援や連携が求められています。同じ月刊物語絵本を園でも家庭でも読み聞かせすることは支援であり連携であると思います。支援とか連携というと、園から家庭に向かって何かをしてあげなければならないと思いがちです。また、家庭は園が何かをしてくれるものと思いがちですが、連携とは「同じ目的を持つ者が互いに連絡をとり、協力し合って物事を行うこと」という意味です。

　園と家庭の同じ目的とは何でしょうか。あずかった子ども、あずけた子どもをまっとうな一人前の人間に育てることではありませんか。それに齟齬があるはずがありません。

生涯にわたる人格形成の基礎を培う重要な乳幼児期に育むべきこと、それは基本的信頼関係です。そして、そのための手法は、①1対1で関わる、②視線を合わせる、③生の言葉をかける、です。この手法は、乳児と関わる時の鉄則ですが、幼児でも大切にしなければならないことです。だから、家庭にも読み聞かせを奨励してほしいのです。

　幼稚園や保育園に通っている子の保護者に会う機会がありますが、幼い時に親に読み聞かせをしてもらったことがある人と、そうではない人が二極化してきています。子ども時代に読み聞かせをしてもらった経験のある保護者は、子どもにも読み聞かせをし、絵本の楽しさを親子で共有・共感しているようですが、そうでない保護者は我が子に読み聞かせすることが苦手なようです。

　しかし、これを家庭の問題ということで放っておいていいのでしょうか。私はそうは思いません。それは、あらたな「気になる子」を作る危険性が潜んでいるからです。

　保護者に「子どもに読み聞かせしてあげて下さい」と言う前に、保護者に読み聞かせをする園があります。すると、「絵を見ながらお話を聞いていると、イメージがふくらみ楽しむことができた」とか「絵の細かいところが見えた」などの感想があります。保護者自身が初めての絵本体験でその楽しさを実感できたということです。それがきっかけで、子どもに読み聞かせを始めたという例さえあります。同じ

月刊物語絵本を園でも家庭でも読み聞かせすることは、月刊物語絵本を通して園と家庭に共通の話題が生まれ園と家庭を結ぶ架け橋になります。

　月刊物語絵本を採用している園の保護者が、次のような話をしてくれました。

* お父さんが仕事で遅い時、子どもと私だけで行きづまってしまうという関係の中で、絵本という全く違う世界のお話に読み手の私も入ることで、すごく救われました。
* 月刊絵本を「お母さん、持って帰って来た」と帰ってくるのが楽しみです。「どれどれ」と私はその場にへたりこんで読んだりします。私も仕事をしているので、主人に「お父さん、先に読んであげて―」と言ったりします。子どもも親と一緒に同じ時間が持てるということが楽しみのようです。
* 大人は現実の世界しか見えていないです。子どもは現実の世界と空想の世界が全く違うようで、私たちがいくらこんなに優しい世界があるんだよということは語れません。しかし、絵本を読んであげると、子どもと一緒にその世界に入れるし、子どもの目が輝くのは、絵本を読んであげる時です。だから、絵本は大切だと思います。

第8章
月刊物語絵本の活用法

1 月刊物語絵本が届いたら

　毎月中旬頃、園に月刊物語絵本が届いたら、翌月からの読み聞かせのために先生自身が繰り返し繰り返し音読して下さい。音読するということは、目から入った情報を理解し、それを声に出し、その声を自分の耳で聞き、目から入った情報と違いがないかを照合することです。時には、先生同士で読み聞かせするのもいいと思います。それは内容を理解するためだけではなく、つまずかないように読み聞かせするためですが、そのとき意識してほしいことは、1部で述べたメラビアンの法則が、──話し手（先生）が聞き手（子ども）に与える印象の大きさは、言語情報7％、聴覚情報38％、視覚情報55％──、読み聞かせにも働くということです。

　すなわち、その絵本の持つ内容・中身（言語情報）に力があっても、読み手の発する聴覚情報・視覚情報がぎこちなければ、聞き手（子ども）に伝わりにくくなるからです。というよりも、言語能力の未熟な子どもほど、お話の中身よりも語り手が発する耳ざわりや見た目で、読み手の姿勢を判断しているのかもしれません。子どもは口では言いませんが、大人を見抜いています。子どもに読み聞かせする以前

に、読み手自身が読み込み、その絵本に惚れ込まなければいい読み聞かせはできないということです。

　同じ音でも状況によって違った響きがあります。読み手（話し手）の心がけしだいで、聞き手に伝わる内容が変わってしまうからです。例えば、『にほんご』（安野光雅　大岡信　谷川俊太郎　松居直　福音館書店）に「もじのおと」と題して、こんな一節があります。

　　　うんと　びっくりしたときの　あ
　　　なにかを　みつけたときの　あ
　　　あくびの　あ
　　　ひやかす　あ
　　　がっかりしたときの　あ
　　　おなじ　あ　でも、きもちに　よって
　　　いろんな　こえに　なる。
　　　おなじ　あ　でも、
　　　つよく　みじかく　いうのと、
　　　よわく　ながく　いうのとでは、
　　　ちがった　きもちを　あらわす。
　　　ほかの　もじでも　ためしてごらん。

絵本の研修会などで、「ベテランの先生のお手本読みがあればいい」という質問がよくあります。基本的にはこの読み方がいいという手本はないと思います。読む人の気持ち、思い、そして感性、一冊の絵本を手にした時、言語情報のみならず聴覚情報、視覚情報をフルに活かすためには、その絵本をどれだけ読み込んでいるかにかかっています。

　ただ単に上手に読むことだけを求めるならば、それはアナウンサーや声優、音声機器に任せればいいことです。でも、子どもはそれを求めてはいません。大好きな先生が僕のため、私のために読んでくれる、その楽しいひと時と場と空間を求めているのです。読み込むことで、子どもの心が見えてきます。大人が「読んであげなければならない」と義務的に思って読むと楽しめません。まずは、先生という立場を忘れて絵本を皆で楽しみましょうという気持ちが大切です。そういう気持ちを醸成するためにも、しっかりと音読で読み込んで下さい。

　新しい月刊物語絵本が届くと、自分自身の音読をテープに録り、どういう読み方がいいかをチェックする先生がいます。また、打ち合わせ会や毎日の保育の反省会の時、各先生方に読み聞かせをしてもらい、「こういう読み方のほうがいいのではないか」「頁めくりをもう少しゆっくりしたほうがいいのではないか」など、先生同士が意見交換をしている園があります。これはとてもいいことだと思います。そうする

ことで先生同士の連帯感、心がつながってきます。とかく現場では、年長の先生は年長の絵本しか知らない、年少の絵本は知らないということが、なきにしもあらずだからです。

　同じ月刊物語絵本を毎日読み聞かせしていると、最初はポカーンと聞いていた子どもたちが、突如、絵本の中の言葉を発したりします。異年齢保育ではそういうことが多々起こるはずです。そういう時、子どもを無視したり、ピント外れの対応にならないためにも、先生同士が読み聞かせしあうことはとてもいいことだと思います。

2　読み聞かせの記録をとろう

　読み込んだ段階で、「初めて読んだ時の印象」「読み聞かせのポイント」「子どもの反応（予想）」を記録してみてはいかがでしょう。そして、毎日毎日、同じ月刊物語絵本を読み聞かせした後の1ヶ月が経った頃、「1ヶ月後の印象」「1ヶ月後に感じた読み聞かせのポイント」「実際に読み聞かせを重ねてきてからの子どもの反応」「総括」などを記録にとってみてはいかがでしょう。

　134と135頁の表は、沼津市の春の木幼稚園の2人の担任による、『いたちの　てがみ』（こしだミカさく　こどものとも年少版404号　2010年11月号）の読み聞かせ実施前と約1ヶ月後の記録です。

　この記録を見て、読者の皆さんはどんな感想をお持ちになるでしょうか。ABそれぞれの先生の「初めて読んだ時の印象」「読み聞

かせをする時のポイント」「子どもの反応（予想）」を比べて見て下さい。例えば印象、Ａ先生は「飽きてしまう」、Ｂ先生は「親しみやすい」と同じ印象ではありません。

　一方、読み聞かせ前の子どもの反応（予想）では、ＡＢ先生ともに「うんこ」に反応すると言っていますが、読み聞かせ後の子どもの反応を見ると、子どもが「うんこ」に反応したふしは見あたりません。これが月刊物語絵本であるがゆえに実に面白いところ、いいところだと思います。ハードカバーは選ぶ先生によって偏ってくることがありますが、月刊物語絵本は、昔話、創作物語、文字のない絵本、ナンセンス絵本、自然科学、社会科学、時には図鑑があったりと、あらゆるジャンルがまんべんなくバラエティに富んでいるので実に面白いです。

　子どもが心身ともに調和のとれた発達をするためには、生活を通して発達のさまざまな側面に関わる多様な体験を重ねることが必要です。絵本体験もしかりです。読み手の好みで絵本を選ぶと偏りが出るので、多様な体験を損なうおそれがあります。心の発達のさまざまな側面に関わる多様な絵本体験を積み重ねることが必要だからです。

　子どもも大人も12冊全てが好きになるということはないかもしれません。感じ方は人それぞれでいいと思います。でも、初めて出会った時は「こんな絵本！？」と言った方が、その本を子どもが好きになるにつれて「私も好きになった。面白さがわかるようになった」という先生や保護者が結構多いです。

【読み聞かせ実施前】

	A先生	B先生
初めて読んだ時の印象	*これまでの月刊絵本と絵の雰囲気が違うので、子どもたちはどんなふうに受け入れるかな？と思う。 *飽きてしまう(絵に抵抗感をもったり)のではないかと思う。 *おばあちゃんの家の古い感じが伝わってくる。	*登場人物の話し言葉に方言が使われており、親しみやすい。 *私自身いたちになじみがなかったので、この絵本を通していたちについて初めて分かったことが多かった。 *最後の完結は、あえて文を入れず絵だけの表現に魅きつけられるものがあり、さまざまな想像ができた。
読み聞かせをする時のポイント	*いたちの登場が分かるように読もうと思う(うんこがいたちの手紙だと分かるかな…)。	*話し言葉がよくあるので感情を込めたい。 *いたちが大きく描かれた頁や最後の頁はゆっくりと十分に時間をかけて頁をめくりたい。
子どもの反応(予想)	*「うんこ」の言葉に反応しておもしろがると思う。	*「うんこ」という言葉に反応する。 *最後に文章がないので結末を聞いてくる。 *自分たちは使わない方言なので、登場人物の話す言葉が分かりづらい。

【読み聞かせ実施後】

	A先生	B先生
印象	*毎回集中して静かに見ることが多かった。絵に抵抗感を持つのでは…と思ったが、そのようなことはなかった。 *ストーリーの理解の仕方はそれぞれだが、自分なりの"手紙"の理由を子どもなりに持っているようだった。	*方言が使用されていたが、子どもたちの中にすっと言葉が入るようで何度読んでも新しい発見がありおもしろかった。 *使い慣れない言葉があったので、スムースに読むように気をつけたい。
ポイント	*「屋根裏に何がいる」という時、子どもがいたちの登場を待っているようだったので、いたちの足音や登場は少しためて頁をめくるようにした。	*いたちの迫力が伝わるよう声に強弱をつける。 *最後は文字がないぶん、ゆっくり時間を十分にとって頁をめくる。 *表紙が裏と絵がつながっているので、そこに気づかせた。
子どもの反応	*「うんこ」に関しては、それ自体に注目したり、笑ったりする子は1人もいなかった。 *うんこ＝手紙がいまいち分からないようではあったが、「チーズがなくなる⇒うんこがある」「手紙がなくなる⇒チーズがある」の変化には気づいていた。 *いたちが何であるかはよく知らないが、その登場、黒い背景でこちらを見る場面には何となくドキドキしている様子がある。	*何度読んでもよく集中していた。ひらがなが出てくるので、子どもたちもひらがなに興味を持ち、そのためか分からないが、積極的にひらがなを書く子も2〜3人いた。 *表紙が裏と表がつながっていることがおもしろいようで、読み終わるたびに「つながっている」と聞いていた。
総括	*私自身、絵に少しかまえてしまうところがあり、「どうかな〜」と思ったが、子どもたちはほぼ毎回集中して見ていた。いたちは身近な動物ではなかったが、絵を見て「これか〜」と思えたようで、その登場にワクワクしていたようだった。うんちを汚いものとしてでなく捉えている子どもたちに意外な感じがした。普段からうんちは大切と話しているせいかもしれない。	*今まで見た絵本とは違う味があり、とてもおもしろかった。いたちのアップの頁ではいたちを触ってみたりにおいを嗅いでみる子もいた。最後の頁は子どもたちが自ら手紙がなくなっていることに気づき、新しい発見がたくさんありよかった。

さらに、月刊物語絵本は、保育者自身が鍛えられる、そんな側面があると思います。子どもの遊びや生活という直接体験をより強固なものにするために、それを上手に活用すると、とてもいい媒体になります。また、月刊物語絵本は、先生の子どもを見る目を育てるためにも、先生の知らない子どもの考えている気持ちがよくわかり、それを知るためにも、とてもいい媒体ではないかと思います。
　春の木幼稚園は11月中に15回、『いたちの てがみ』を読み聞かせし、その時の子どもたちの反応を『月刊物語絵本読み聞かせ実践ノート』として記録しています。137頁の表の通りです。毎日、同じ月刊物語絵本を読み聞かせするわけですが、子どもたちの反応は確実に変化しています。ここに同じ絵本を毎日読み聞かせする意味が隠されています。大人が先回りして子どもに教え込むのではなく、読み聞かせという自由な雰囲気の中で子どもたちの気づきを待つということの大切さが隠されています。これは「生きる力」につながります。
　同じ絵本を読み聞かせすること自体は「点」です。しかし、同じ絵本を毎日読み聞かせすることで「線」になります。点を線にすることで、なかなか見えにくい子どもたちの変化が見えてきます。その変化や反応を文字として記録することは、子どもをあずかる人にとってはとても大切なことです。それは、子どもの心の成長・発達を知る手がかりになるからです。春の木幼稚園のこの実践は園内研修に使える気がします。試してみてはいかがでしょう。

第2部　8章　月刊物語絵本の活用法

【月刊物語絵本読み聞かせ実践ノート】

日	曜日	実施	今日の絵本	みんなの反応
1日	月	○	のりこ先生	じっと見つめている。
2日	火	○	優人くん	「うんこ」に反応するが、どれが「うんこ」か分かっていないようである。
3日	水	文化の日		
4日	木	×		
5日	金	○	芽花ちゃん	最後の手紙が無くなっていることに気づく。
6日	土			
7日	日			
8日	月	○	翼くん	最後に「うんこ」があることに気づく。いたちを少し怖く思っているようである。
9日	火	○	結菜ちゃん	静かに見ている子がほとんどである。「家にいたちがいたらどうしよう」と話題になる。
10日	水	×		
11日	木	○	芽桜ちゃん	いたちが登場するまで特に集中して見ている。
12日	金	×		
13日	土			
14日	日			
15日	月	○	泰汰くん	「なぜいたちに手紙を書くのか?」と思い「なぜ手紙が無くなるの?」と不思議がる。
16日	火	○	結ちゃん	最後に「うんこ」があることに注目する。静かに見ている。
17日	水	○	妃乃ちゃん	いたちが出て来る時、「ほら、次来るよ」とかまえている様子がある。
18日	木	○	新歌くん	チーズ→うんこ、手紙→うんこで「ほらうんこが来るよ」と先に言うようになる。
19日	金	×		
20日	土			
21日	日			
22日	月	○	莉希ちゃん	いたちの登場のところで「あっ いたち」の声がそろう。
23日	火	勤労感謝の日		
24日	水	○	匠真くん	前の方に座る子の多くが覚えてしまい、所々一緒に声を出して読む。
25日	木	○	八雲くん	うんこが手紙とは結びついていないようだが、チーズや手紙が無くなるとうんこがあるというパターンは理解している。
26日	金	○	千奈ちゃん	「次にうんこが出る」のを絵本のストーリーに添いながら、一歩早く言おうとする子が出てくる。
27日	土			
28日	日			
29日	月	○	瑚音ちゃん	お話を全て覚えている子がおり、その子を中心に多くの子が声を出して一緒に読む。「あっいたち」は全員が言う。
30日	火	×		

第9章
園も家庭も、同じ月刊物語絵本で読み聞かせを

　多くの園では、月刊物語絵本を毎日読み聞かせをし、月末にその月刊物語絵本を家庭に持ち帰らせて、家庭での読み聞かせをすすめているようです。それはそれでいいのですが、最近、私は一冊の月刊物語絵本が毎日、園と家庭を行き来してほしいと思っています。それは、保護者に読み聞かせをすすめたい、テレビなどとの接触を少なくする意図もありますが、同じ号数の月刊物語絵本を園でも読み聞かせ、家庭でも読み聞かせすることは、月刊物語絵本を通して、大人と子どもが共感できる場、のみならず園と家庭が共感できる関係を作ってほしいからです。さらに、同じ月刊物語絵本をそれぞれの家庭で読み聞かせすることにより、「うちはこうだった」とか「うちはああだった」と、保護者同士が豊かなコミュニケーションを持ち子育てについて気軽に語り合えるきっかけになってほしいからです。

　あるお母さんは、「家で子どもがブルブルと言っていたが、何を言っているのかさっぱりわかりませんでした。後日、『ブルくんのおうち』（ふくざわゆみこ　さく　こどものとも年少版409号　2011年4月号）を

持って帰ったので、それを読み聞かせしたら、あの時ブルブルと言っていたことがやっとわかりました。子どもにピントはずれの対応をしてしまいかわいそうなことをした」と言っていました。

　このように、園と家庭が同じ月刊物語絵本を読み聞かせすると、園と家庭に共通の話題ができます。園での保育が目に浮かんできます。親の子どもを見る目も変わってくると思います。子どもの送り迎え時など、園と保護者の間に月刊物語絵本を通した新しい一言が生まれるかもしれません。これが支援であり連携だと思います。こういうことは総合雑誌ではできません。

　園でも家庭でも同じ号数の月刊物語絵本の読み聞かせは、子どもには安心につながり、生活リズムの確立にも役立ちます。毎日の繰り返しの積み重ねが大切なのです。

第10章
おわりにあたって

1 お母さん方へ

　親は読み聞かせというと、ちょっと構えてしまうところがあるかもしれませんが、子どもにとっては土や水と同じような遊び相手です。親としてはしつけたい、勉強のためになってほしいと思うかもしれませんが、一日が終わる寝る前などに、お母さんがゆったりとした気持ちで、心から我が子がいとおしいと思える、可愛いなーと思えるひと時であってほしいと思います。

　また、子どもはお母さんが心を込めて読んでくれる、お母さんの声にうっとりする。そんなひと時が、——お母さんは絵本を見ている子どもの顔に満足し、子どもはお母さんの声にうっとりし——、お母さんの愛情が子どもにじわじわと伝わっていきます。その積み重ねが大切です。時々の読み聞かせではダメです。毎日の積み重ねがいい親子関係を作っていきます。子どもにいい絵本を与えるのは大人・親の役割です。子どもの心を揺り動かすようないい絵本でなければなりません。

乳幼児期の読み聞かせが大切な理由は、基本的信頼感を育むことはもとより、経験したことや考えたことなどを自分なりの言葉で表現し、相手の話す言葉を聞こうとする意欲や態度を育て、言葉に対する感覚や言葉で表現する力を養うことです。言葉は身近な人に親しみをもって接し、自分の感情や意志などを伝え、それに相手が応答し、その言葉を聞くことを通して次第に獲得されていくものです。

2 先生方へ

　少々堅い話になりますが、小・中・高及び特別支援学級の新しい指導要領には、「あらゆる学習の基礎となる言語の能力について、国語科だけでなく、各教科で育てることを重視する」とうたい、『幼稚園指導要領解説』序章第1節　改訂の基本的考え方　2改訂の基本方針では改善の基本方針として、「幼稚園教育については、近年の子どもたちの育ちの変化や社会の変化に対応し、発達や学びの連続性及び幼稚園での生活と家庭などでの連続性を確保し、計画的に環境を構成することを通じて、幼児の健やかな成長を促す（傍点筆者）」と記しています。

　『保育所保育指針解説書』には、保育の原理として、「保育所は、生涯にわたる人間形成にとって極めて重要な時期にある乳幼児の現在が、心地よく生き生きと幸せであることを保育の目標とするとともに、その未来を見据えて、長期的視野を持って、生涯にわた

る生き方の基礎を培うことを目標として保育することが重要です（傍点筆者）」と記しています。

　要領・指針には、「家庭支援」や「地域との連携」がうたわれています。これはとても大切なことですが、現実はとても難しい問題です。でも、それを現場に求めています。良心的な先生ほどそれに苦しんでいます。それは、園と家庭の共感関係が薄くなっているからです。共感なくしてまっとうな支援や連携ができるわけがありません。あずける人⟷あずかる人、あなた作る人⟷わたし食べる人、人間関係が薄くなってしまってからの支援や連携はとても難しいです。現代人は共感関係というよりも利害関係でものを言う。そういう感性になったからです。

　ヒトが人になるためには、言葉を与えることによって、心が生まれるということです。意味がわかる、想像する、創造できる、ということは、心を持っているからです。子どもが何をしゃべるかということよりも、今の子どもたちに必要なことは、豊かな、質の高い言葉を聞く（大人がそれを与える）ことの方が先ではないでしょうか。そのために、園も家庭も同じ月刊物語絵本を読み聞かせすることはとても大切なことだと思います。

【参考文献一覧】

『げ・ん・き33号』(エイデル研究所 1995)
『読み聞かせ～この素晴らしい世界～』(ジム・トレリース著 亀井よし子訳 高文研 1987)
『子育て 錦を紡いだ保育実践～ヒトの子を人間に育てる～』(宍戸健夫・秋葉英則・小泉英明・太田篤志・原陽一郎・石木和子 エイデル研究所 2011)
『ほいくしんり3号』(エイデル研究所 2011)
『げ・ん・き72号』(エイデル研究所 2002)
『中川志郎の子育て論～動物に見る子育てのヒント～』(中川志郎著 エイデル研究所 1990)
『非行の火種は3歳に始まる』(相部和男著 平井信義解説 PHP研究所 1984)
『学力と階層～教育の綻びをどう修正するか～』(苅谷剛彦著 朝日新聞出版 2008)
『見える学力 見えない学力』(岸本裕史著 大月書店 1981)
『3びきのくま』(トルストイ文 バスネツォフ絵 おがさわらとよき訳 福音館書店 1962)
『センス・オブ・ワンダー』(レイチェル・カーソン 上遠恵子訳 新潮社 1956)
『センス・オブ・ワンダーを探して』(阿川佐和子 福岡伸一 大和書房 2011)
『げ・ん・き26号』(エイデル研究所 1993)
『げ・ん・き58号』(エイデル研究所 2000)
『にほんご』(安野光雅 大岡信 谷川俊太郎 松居直 福音館書店 1979)
『いたちのてがみ』(こどものとも年少版404号 福音館書店 2010)
『ブルくんのおうち』(こどものとも年少版409号 福音館書店 2011)
『「言葉の力」が子どもを育てる～今、子育てに必要なこと～』(新開英二著 エイデル研究所 2008)
『機微を見つめる～心の保育入門～』(山田真理子著 エイデル研究所 1997)
『子ども・こころ・育ち～機微を生きる～』(山田真理子著 エイデル研究所 2004)
『壊れる日本人～ケータイ・ネット依存症への告別～』(柳田邦男著 新潮社 2005)
『今、子どもが壊されている～不思議の国のアリス現象～』(杉原一昭著 立風書房 1990)

著者紹介

新開 英二（しんかい　えいじ）

【経歴】
1950年	大分県に生まれる
1977年3月	福岡大学法学部法律学科卒業
1977年4月	ジャスコ(現イオン)入社後、産業教育関係の出版社勤務を経て
1983年7月	(株)エイデル研究所設立に参画　『げ・ん・き』編集長 出版部長
1997年4月	(株)エイデル研究所 取締役出版部長
2008年4月	(株)エイデル研究所 常務取締役出版部長　現在に至る

【主な著書】
『読み聞かせでのびる子ども』(共著 エイデル研究所 1993)
『おもちゃの選び方 与え方』(共著 エイデル研究所 1993)
『見直そう子育て 立て直そう生活リズム』(共著 エイデル研究所 2003)
『「言葉の力」が子どもを育てる』(エイデル研究所 2008)

実る子育て 悔やむ子育て　～子どもが思春期に花開くために～
2012年2月15日　初刷発行
2012年4月25日　3刷発行

著　　者	新開 英二
発 行 者	大塚 智孝
印刷・製本	中央精版印刷(株)
発 行 所	(株)エイデル研究所

〒102-0073
東京都千代田区九段北4-1-9
TEL 03(3234)4641
FAX 03(3234)4644

© Eiji Shinkai
Printed in Japan
ISBN978-4-87168-504-7 C3037